「対面力」をつけろ！

齋藤孝

光文社新書

はじめに

会社に、電話ができない新入社員がいる、という話を聞いた。会ったことのない人に電話をかけることができない。外からかかってきた電話も、どこの誰からの電話かわからないから取れないという。

なぜそうなってしまうかといえば、ふだんは発信者がわかる携帯電話で、知り合いとしか話をしないからだ。彼らは、知らない番号からかかってきた電話には出ないらしい。固定電話が家にない人も多く、相手が誰だかわからない電話にいきなり出ろといわれても、不安で戸惑うばかりなのだ。

「まず電話応対に慣れろ!」というのは「新人の掟《おきて》」だろうが、どうしたら電話ができるようになるかに、上司は苦慮《くりょ》しているという。

電話に限らず、見知らぬ相手との「1対1」の状況に弱い人が多い。

大学生を見ていても「1対1になると、何を話したらいいかわからなくてすごく緊張する」「人と話す状況はものすごく疲れる」と言う。ペーパーに書かせるとしっかりしたことを書けるのだが、「口頭で意見を言ってほしい」と要求すると、尻込みしてしまう。

今の若者は総じてきちんとしているし、言われたことはそつなくできる。性格も穏やかでまじめ、協調性もある。新しいITツールもどんどん使いこなせる。

だが、人との接触に弱い。

「人に会う」「直接、話をする」という状況、ライブ空間における対応が苦手なのだ。

この「電話ができない新入社員」の話を聞いたとき、私は思いついた。人と接触することに不安感や苦手意識を持たず、もっと「1対1」のライブ状況に強くなることが必要だ、と。そして、そのためのスキルを「対面力」と呼ぶことにしよう、と。

経団連のアンケート調査によれば、企業が採用選考時に重視している要素の第一位は、九年連続で「コミュニケーション能力」だという。

しかし、ここでいうコミュニケーション能力が、いったい何を指すのかについては、けっこう曖昧《あいまい》だ。「コミュニケーション能力を高めよう」という方向性は正しくても、言葉が曖昧なままでは、具体的に向上させていくことが難しい。

そこで、まずは「対面状況で人と気持ちよく接触する能力」を「対面力」と名づけて概念化することにした。

論理力、文脈力、交渉力など、一般にコミュニケーションに必要だとされる能力以前に、まずはどんな対面状況でも問題なく応対できるようになるための、社会を生き抜くための力。

いわば、コミュニケーションのもっとも根源的なところにあるもの、それが対面力だ。

対面力とは、要するに、「状況に即応して、場や相手にアジャストしていく」力、適応力である。柔軟に相手に合わせつつ、自分を印象づけ、「この人とまた会いたい」

と思われるための能力のことだ。

じつは、私たちは日常、さまざまな場面でこの「対面力」を測られている。

たとえば、「感じがいい」「誠実そう」「明るい」「しっかりしている」「落ち着きがある」「頼りになる」「一緒にいると楽しい」「これからも付き合っていきたい」……。人柄だとか、雰囲気だとか、印象、好感度といったかたちで言い表されているものは、実際のところみな対面状況での心証、対面力のある・なしだ。

その人の本質がどうであるかはともかくとして、会って話をしたときの対応の仕方で判断、評価されているのである。『人は見た目が9割』という本もあったが、まさに人の評価の九割は、「対面力」で測られていると言っていい。

コミュニケーション力の中でももっとも基礎的なところにあるライブ対応能力を、「対面力」として認識し、もっと磨《みが》いていってほしい、それが本書の狙いだ。

それ以外のことは、後からついてくる。

人と会って話すのが苦手なのは、性格や気質のせいだと考えがちだが、じつはカギを握っているのは性格よりも経験知、慣れだ。

人見知りが激しい人も、場数を踏めば苦手意識が氷解する。

冒頭の、面識のない相手に電話がかけられないような人も、受け答えに失敗するんじゃないかと怖くてオフィスの電話に出られない人も、経験を積み重ねれば、みんなうまくできるようになる。

そして経験知が増えるほど、その状況に疲労を感じなくなっていく。

「ムリだ」「できない」「苦手」という意識で自分をがんじがらめに縛り、その状況を避けてしまおうとしないことが大事だ。

大学の私の授業では、「対面力」を鍛えるための課題をたくさん出す。1対1で授業の要約をし合ったり、四人グループでディスカッションしたり、みんなの前で意見を言ったり、人の話に速やかに反応したりする練習だ。こういうことを高校までにあまり経験していない人にとって、ちょっとハードなトレーニングになる。

すると、「こういうの、苦手」と逃げてしまう学生がいる。授業に出てこなくなる。

「対面力」をつける必要性のある人ほど、鍛えるチャンスを自分から避けてしまう。

一方、「しんどいです」「疲れます」と泣き言を言いながらも出席し続けている学生は、三か月もすると、「最初は『苦手』『そんなのできるわけがない』『疲れる』と思っていましたが、なぜあんなに無駄に緊張していたのかと思います」と、受講票の感想コメントに書くようになる。

経験知が増え、「対人基礎体力」がつき、無駄に疲れなくなったのである。

今は、ソーシャルメディアを通じてのコミュニケーションが多岐に広がり、直接話さなくても意思の疎通《そつう》ができる通信ツールが増え、とても便利だ。大いに活用すべきだと思う。だが、そればかりに頼って、そのつながりだけで生きていこうとすることは、長い目で見たときに自分にとってけっしてプラスにならない。

苦手だから、緊張するから、疲れるからといって対面状況を遠ざけていることは、自分の可能性の芽を摘《つ》む行為だ。

対面に自信がつくと、友だちも作りやすい。彼氏、彼女も作りやすい。就職活動へのメリットも大きい。日々の生活が今よりもっと楽しくなる。

その差は歴然としている。

早いうちに「対面力」をつけておけば、それだけ人生が広がる。「対面力」がある人ほど、人生で多くのチャンスに恵まれる。


人間という生き物は、みな、自分の意思を伝えたい、思いや考えを交換したい、人とつながりたい、という基本的な欲求を持って生まれている。他者と意思の疎通を図る中に、人間として生きている喜びが湧《わ》くようになっているものなのだ。

だが、自意識の芽生えと共に、自分と外の世界とを隔《へだ》てる殻《から》を作ってしまうようになる。成長過程の思春期に、自分自身を護《まも》ろうという意識から築いてしまう心の垣根、バリアのようなものだ。

その「自意識の殻」を突き破って、朗《ほが》らかで安定した一個の人格として他者とかかわっていくことが、社会に出るということ、大人になるということだ。

この本を読んだら、「対面力」とは何かを理解するだけでなく、実際に自分でいろいろ試してみてほしい。自分のワザにするところまで、ぜひ実践してみてほしい。

「人とかかわることは本質的に楽しい」という感覚を、誰もがみな潜在的に持っている。「自意識の殻」から抜け出せると、殻の外の世界のほうがはるかにワクワクして楽しいことを実感できるようになる。

殻を破って飛び出す、ちょっとした勇気を持とう。

ワザが増え、対面力がよりアップすると、もっと楽に、自然に、人との交流が楽しめるようになる。

「対面力」はコミュニケーション力の基礎だ。

まだ開花させることができていないあなたの中の対面コミュニケーション能力を花開かせ、今後の自分の飛躍に役立ててほしい。

目次

第二章　話し上手・聞き上手・間合い上手にこうしてなる！
——ちょっとしたコツで対面力は磨かれる　63

第三章 「世渡り上手」を実践しよう ――相手を気持ちよくさせる対面力

第四章　「つながる」「広げる」対面力の磨き方
——もっと対面を楽しもう　139

第一章　対面力の基本は「からだのレスポンス」だ

1　リアクションできるからだにしておく
——肩甲骨に天使の羽を！

対面力の基本は、反応力だ。

相手が発した言葉や表情・仕草にさっと応じることができるか。

「打てば響くからだ」になっていないと、どんなにコミュニケーションスキルを磨こうとしたところで身につかない。

小学生に「今日はこの本をまるごと音読してもらいます」と言うと、「エ〜ッ！」と大きな声を出す。表現はネガティブだが、素直な反応だ。打てば響いていることがよくわかる。

ところが、中学生から高校生くらいになると、ネガティブ反応さえも乏《とぼ》しくなってくる。

「何々を知っている人は手を挙げてください」と聞く。パラパラと上がる。
「では知らない人は手を挙げてください」。まばらに手が上がる。
「今、どっちにも反応しなかった人は、手を叩いてください」。これもかすかなパチパチだけ。

無反応な人が多い。別に反抗的なのではない。とっさに反応できない、リアクションできないのだ。

中学生くらいになると、教師や親の言うことに即座に反応するのは恥ずかしいといった感覚ができてくる。素直に答えるのが子どもっぽく感じられたり、周囲の目を気にしたりするようになる。自分だけ積極的に何か言ったりやったりすると、「あいつ、なに一人で目立とうとしているの？」という視線を浴びやすいので、周囲に同調しておいたほうが無難だという気持ちもあるだろう。

反応しないことに慣れてしまうと、次第に「打っても響かないからだ」になっていく。

彼らも、おそらくメールやＳＮＳでは友だちや仲間に「即レス」している。指先と頭を使ったすばやいレスポンスはできる。だが、人の話を聞いて手を挙げるとか拍手する、笑うといった反応力は鈍《にぶ》っている。

リアクションできない集団を前にして私がやってもらうのは、「からだほぐし」だ。立ってその場で軽くジャンプする。高く飛び跳ねる必要はなくて、肩の力を抜くイメージ。

「ジャンプ、ジャンプ、肩をほぐす〜、ジャンプ、ジャンプ、肩をほぐす〜」

こんなリズムで、「肩をほぐす〜」のところで肩を回す。全身を揺さぶる感じでこれを四、五回やると、肩甲骨が動き出す。

これをやって座り直してもらってから先ほどと同じ質問をすると、愉快なほどみんなの手が挙がるようになっている。ジョークに対する食いつきもよくなり、笑いが起きやすくなる。無反応でなくなる。

反応しないのではなく、からだが固まっていて反応できないのだ。からだをほぐして肩甲骨まわりが動きやすくなるだけで、反応力が変わる。

天使というのは肩甲骨のあたりから羽が生えた姿で描かれるが、あれはよくできたイメージだと思う。**肩甲骨が羽のように自在に動くと、からだは軽やかになる。**

ボクサーはトレーニングメニューに縄跳びを入れている。あれは持久力、瞬発力をつけると同時に、からだを揺すって上半身の無駄な力を抜き、肩まわりを柔らかくする意味もある。

思春期に限らない。反応は習慣性のものだ。ふだんから反応をよくしようと心がけていない人は肩まわりがガチガチに固まっている。二〇代から四〇代を中心にしたビジネスセミナーでも、六〇代以上の男性ばかりの講演でも、「ジャンプ、ジャンプ、肩をほぐす〜」の効果はてきめんだ。

本当は、ジャンプのあとに四股《しこ》を踏んで臍下丹田《せいかたんでん》に力をこめると、「上虚下実《じょうきょかじつ》」な構えができて非常にいいのだが、とりあえずもっとも簡単に効果が上がる方法として、**軽いジャンプでからだをほぐし、「反応できるからだ」を作ろう。**

営業職の人は、「ジャンプ、ジャンプ、肩をほぐす〜」をやってから訪問先を訪ねてみてはどうだろう。玄関のチャイムを押す前に、街角でピョンピョンしてみよう。声も表情も、明るく軽やかになること請《う》け合いだ。

2　冷えたからだは温める、が基本

人から働きかけをされても反応できないのは、からだが冷え気味だということも大きい。冷えていると、筋肉が縮《ちぢ》こまり、こわばっていく。軽いジャンプがいいのは、からだが温まり、血行がよくなって動きやすくなるからである。

私は「**冷えは対面力に百害あって一利なし**」と考えているので、意識的に頻繁《ひんぱん》にからだを動かしている。ジャンプしたり、四股立ち姿勢で肩入れしたり、腕や腰を回したり、手をぶらぶら揺すったり、指を反らせたりする。

とくに手が冷たいと反応が鈍るし、気分も沈みがちになるので、手はよく動かす。指を一本一本根元からつかんで、反らすようにしながら先のほうに伸ばしていく。あるいは親指以外の四本を握ってグーッと反らす。これをやると手の先が赤くなり、じんわりと温かくなる。

ついでに頬から口元にかけて顔を二、三回揉んでおくと、表情がほぐれる。**肩甲骨が動き、手が動き、顔の緊張もほぐれていると、対面時に自然に振る舞うことができる。**

私は冬場は使い捨てカイロもよく持ち歩いており、ポケットに入れておいてちょっと手を温めたり、みぞおちのあたりに貼っておいたりする。

日本人の体温低下が進んでいるそうだ。五〇年前には、大人の平均体温は三六・八度前後といわれていたが、最近は高い人でも三六・五度、平熱が三五度台の人も多いという。労働の質がからだを動かすことから頭脳労働へと変わってきたこと、食生活の変化もあるだろう。体温が下がっていることと、対人反応力が鈍くなっていることはけっして無関係ではない。

池谷裕二《いけがやゆうじ》さんの『脳には妙なクセがある』（扶桑社）に、おもしろい実験の話があった。

温度は人間の精神状態にどんな影響を与えるかを調べようとしたコロラド大学の研究者たちが行った、エレベーターに乗り合わせた人に「少しメモを取りたいので、このコーヒーを持っていてもらえますか」と頼む、という実験だ。ホットコーヒーとアイスコーヒーを用意しておいて、いろいろな人の反応を見る。そのあとで、そのコーヒーを手渡した人の印象について尋ねたところ、ホットコーヒーの場合のほうが「温和で親近感を覚える人柄だった」という評価だったという。

ほんのわずかな瞬間、温かい飲み物を持つことになるか、冷たい飲み物を持つか、それだけのことで、何も知らない相手の印象が変わるというのはなかなかおもしろい。

これを参考にするならば、冷たい飲み物を持ちながら会話するより、温かい飲み物を持ちながら会話をしたほうが、相手に対して親近感を抱き、何かと寛容な対応ができることになる。

「1対1」では、一杯の温かい飲み物を用意するとよい。

3　相手に臍を向けよう

人の話を聞くときの鉄則がある。

「目を見る」「微笑む」「うなずく」「相づちを打つ」——この四つは対面における基本中の基本リアクションだ。

だが、最近、私はもう一つ大事なことが抜け落ちていたことに気づいた。

「臍《へそ》を相手のほうに向ける」、つまりからだの中心軸を対面相手に向けることである。

顔は相手のほうを向いていても、からだがあらぬほうを向いていると、真摯《しんし》に話を聞いている雰囲気にならない。どこか「心ここにあらず」な感じがする。

首だけ動かして相手の顔を見るのではなく、つねに自分の臍が相手のほうを向くようにからだを動かす。

対人関係に自信のない人は、相手の目を見るということがなかなかできない。そんな人でも、臍を向ける姿勢で向き合うとたちまち「きちんと聞いている感」が出る。

たとえば、会議の席で誰かが発言するときには、椅子の上でお尻を軽く動かして発言者に臍を向ける。講義や講演など大勢で話を聴くときも、話し手に臍を向けて聞く。たったこれだけのことで「あなたの話をしっかり聞いていますよ」という構えになる。

その場への参画感が高まり、場の空気がギュッと一体化する。

大人数の対面でも、基本は「1対1」で相手に対している、という姿勢なのだ。

大きなホールに行くと、前側の両サイドの席はステージを見やすいように内側を向けて配置されているが、あれは客席の人がステージを見やすい、聞きやすいだけでなく、ステージに立つ側の人間にとっても、やりやすい。

中学校や高校での講演で、体育館に横一直線に椅子が並べられているようなとき、私はまず椅子を動かそうというところから始める。「はい、端の一〇列の人は椅子を三〇度動かして」「その内側の一〇列の人は二〇度動かそう」と指示して、話し手である私のほうに臍を向けるように座り直してもらう。これをやるようになったら、以前よりも場の空気が温まりやすくなった。

大学のゼミでは、グループディスカッション方式を多用しているので、学生はグループ単位で向き合って座っていることが多い。その状態で、各グループで出た一番いい意見をみんなに発表してもらう。すると、立ち上がって話す人に背中を向けて聞く格好になる人が出てくる。

「人の話を、背中を向けたまま聞くのは失礼じゃないかな。こういうときはさっとからだの向きを変えよう」と言って、必ずからだの向きを変え、臍を向けて聞くように徹底したところ、みんなの反応が飛躍的によくなった。話にかかわっていく「積極的受動性」が出て、熱のこもった質問もすっと出てくるようになった。

ほんのちょっとお尻を浮かしてからだの向きを変えるだけで、その場にいるメンバーが違う人たちに入れ替わったかのようになる。習慣づけてしまえば、苦でも何でもない。当たり前のこととして自然にやるようになる。

あるゼミ生は、「自分の就活の勝因は、この『臍を向ける』にあった気がします」と言っていた。面接で七、八人ずつの集団討論があったとき、彼はつねに発言者に臍を向けていた。その態度がたいへん印象的だった、と面接官からほめられたそうだ。

相手に必ず臍を向けることを意識する――これは、**聞く態度だけでなく話すときの基本**でもある。

対話におけるパフォーマンス効果を重視するアメリカでは、スピーチなどのときも、聴衆の気持ちをつかむための「動き」を大事にする。

これをものすごくわかりやすくやっている代表例がオバマ大統領だ。

オバマ大統領は演説のうまさでも知られているが、パフォーマンスのもたらす効果も最大限に活用している。演説中、けっして正面だけを向いていない。遠く離れた聴衆にもわかるように、首を動かすだけでなく、はっきりとからだの向きを変える。臍を中心にして、からだごと右に左にと向きを変えているのだ。しかも漫然といろいろなところを見ているのではなく、視線をはっきりと止め、「あなたを見ています光線」を出している。多くの人の心に言葉が届くように、**意識をふりかけている**のだ。

面接や大事なプレゼンテーションでも、判断においての決定力、決定権を持つ人を見定めて、その人にしっかり臍を向けて対面することを心がけると、訴求力がいっそう高まるはずだ。

4　アイコンタクトのコツは「右目を二秒」

人と目を合わせるということは、そこに意識の「線」をつなげることだ。これがコミュニケーションにおいて大事だということは、ほとんどの人が知っている。だが、「目を見なくては、見なくては」とあまり意識しすぎると、かえってうまくいかない。

へんに緊張して相手を睨《にら》みつけているように見えてしまうこともあるし、瞬《また》きのタイミングが計れなくなって目がシバシバしてしまうこともある。

目を合わせる行為に苦手意識があるなら、片目に絞って見るようにしたらいい。**相手の右目に焦点を当て、「1、2」と数える二秒くらい見る。**相手に意識の線を投げかける気持ちで、しっかりと目で「コンタクト」する。会話の中で、時々そうするだけで、「聞いていますよ」という気持ちは十分伝わる。

なぜ右目がいいのか。

これも池谷裕二さんが『脳には妙なクセがある』（前出）で書いていたことだが、人間には左視野を重視する傾向があるのだという。脳が左視野に比重を置きやすいということは、向かい合う相手の右目を見ることは自然にやりやすいのだ。

右目を見つめると決めてしまえば、目が泳いでしまうようなこともない。

さらに、なぜ二秒か。

じっと見つめ合うことが日常茶飯事、文化の土壌としてある外国人と違って、日本人の場合は三秒以上見つめ続けると、長すぎる。何か特別の意思がこめられているような気がして、見られているほうが落ち着かなくなるのだ。

なお、対面力の基本として、話している相手に臍を向けよう、と言った。アイコンタクトのときも、できるだけ臍を向けたほうが、意識の線がつながりやすくなる。

三人以上で話をするときは、アイコンタクトの偏《かたよ》りに留意する。

アイコンタクトはパスだ。パスが来なければさびしい。

たとえば、Aさんを見るのが八割、Bさんを見るのが二割だと、二割のBさんはあまり話の中に入れてもらえていない印象を抱く。一般に、おとなしくて口数の少ない人には、視線を向けることが少なくなりやすい。そうすると、その人は余計に会話の輪に入ってこられなくなる。

均等に目配りするのが望ましいが、意識としてはみんなに同じようにというよりは、**言葉数が少ない人や反応の薄い人、隅っこの席にいる人に、より多めにアイコンタクトするといい。**

アイコンタクトを豊富に取っただけで、その人の反応は大きく変わる。

とある授業中、学生の反応が全体的に乏しいことがあった。イエスかノーかを手を挙げて答えてもらうごく簡単な質問をしているのに、うまく反応してくれない。そのとき、ちょっとした実験をしてみた。

今度は、教室を歩きながら話をし、ある一列、右から二列目に座っている人だけに、前から順に一人ひとり丁寧に、二秒ずつアイコンタクトをしていった。その授業には六〇人ほどいたが、右から二列目以外の人たちのほうはなにげなく見るだけで、個別に目を合わせることはしなかった。

その後、「じゃあ、聞きます。今の話について、賛成かな？　イエス・ノーで答えてほしい。答えがイエスの人は、ただイエスって言うだけだとつまらないから、ドーンと机に突っ伏してください」と言った。

「では、イエスの人！」と聞くと、「ドーン！」と突っ伏したのは、アイコンタクトをした列の人が圧倒的に多かった。ほかの人はほとんど突っ伏さなかった。

普通に考えれば、イエスとノーの比率が半々なら（ちょうどこのときがそうだった）、教室のあちこちに突っ伏す人がいていいはずだ。しかし実際には、私のアイコンタクトを受け取った人だけが反応した。アイコンタクトされたと感じたら、人は反応せずにはいられなくなるのだ。

アイコンタクトは「**意識のふりかけ**」だ。ふりかけがあるとご飯がすすむように、アイコンタクトがあると反応がすすむ。

だから、集中力がなくて授業を聞いていない人には、大量にふりかけをかける。すると、意識がこちらを向いてくるようになる。

ちなみに、演劇の人たちは、アイコンタクトを回す練習をよくやっている。

ボールゲームでパスを回すように、Aさんが B さんにアイコンタクトを投げかける。アイコンタクトをされたと気づいたBさんは、受け取ったよとAさんに目で合図して、Cさんに回す。順繰りに回していく。パスを投げる練習、受ける練習だ。

このパス回しの速くなった仲間は、会話をしていても場が温まるのが早く、意気投合感が高い。

臍を向ける、アイコンタクトを二秒。これだけで、相手の印象はガラリと変わる。

5　優先順位一番は、目の前にいる相手

メールやＳＮＳなどで絶えず連絡を取り合えることが多くなった今、コミュニケーションのマナーもどんどん変化している。

たとえば、会議や打ち合わせ中にかかってきた電話に出る人はいないが、メールで入ってきた連絡を読み、返信している人はいる。それはマナーとしてセーフなのか、アウトなのか。

すべてを一律には決められないだろう。待っていた大事な連絡かもしれない。今すぐ返信が求められているのかもしれない。しかし、対面して話をしている人以上に優先させなければならない用事というものは、世の中にそんなにない。

自分にとってはとても重要な用事だったとしても、それは今、直接対面している相手には関係ない。「自分の話をきちんと聞こうとしてくれない人だな」という印象が

残るのはよくない。

対面力とは、お互いにいい印象を持つとか、話しているといいアイディアがどんどん出てきて盛り上がるとか、リラックスできるとか、**その人と触れ合うことでいい効果がもたらされる接し方**だ。意識が別のところに行っているというのは、ある意味、居眠りするよりも失礼なことではないだろうか。

今やっている打ち合わせに関連することをネットで調べているといったこともあるかもしれない。そうだとしたら、調べてわかったことをその場の人たちにさっと伝えて情報を共有すべきである。

中にはスマホでメモを取る人もいるが、対面で話しているときにスマホをいじられているのは、どうもあまりいい感じがしない。

もっとも優先させるべきは、目の前にいて話をしている相手だ。コミュニケーションのマナーとして、そのことをもっと認識する必要がある。

そもそもメールは、自分の都合のいいときに読んで、都合のいいときに返信できるというメリットがある。絶えずつながっていなければならないものではない。

テレビ局のスタジオは、ケータイ持ち込み禁止だ。収録番組であっても、出演中は一切ケータイを使えない。そういうオン・オフ感覚を持っていたほうが、対面にも集中できる。

もし、どうしても急ぎで連絡を取らなければならないことがあったら、対面相手に「急ぎの連絡事項があるので、ちょっと失礼して電話を一本かけさせていただいていいでしょうか」と声をかけて、了解を得て中座する。それを不愉快だと言う人はいないだろう。

対面時には、**相手が不快に感じそうなことは極力避ける**のが、大事なマナーだ。ふだん恋人や親しい友人と会っているときにも頻繁にスマホに向かうクセのある人は、仕事のときにもやってしまうものだ。寛大な友だちは許してくれるかもしれないが、仕事関係の付き合いの場合、次がなくなってしまうことだってある。

優先順位がもっとも高いのは、今目の前にいる相手。そう自分に言い聞かせよう。

6　作法は身を守る鎧である

私たちは、子どものころから反応するからだを作る訓練をしている。

名前を呼ばれて「はい」と返事をするのも、朝一番に顔を合わせたときに「おはようございます」と挨拶《あいさつ》するのも、人に何かをしてもらったときに「ありがとう」と感謝を伝えるのも、みな学習の成果だ。反応する練習をしながら、社会のマナー、ルールを覚えていく。

その集積が「礼儀作法」である。

ありがたいことに、「礼」にはすべて基本の「型」がある。型を身につけてそれに則《のっと》って行動すれば、対人関係に自信がなくてどう振る舞ったらいいかわからない人でも、最低限、相手に失礼でない行動を取ることができる。

作法は、相手を不愉快にさせない態度、礼儀正しさの感じられる態度として共有されているものなので、それができれば、とりあえず個人的な対面力の質を問われなくても済む。

「礼」はいろいろな状況で対面力をカバーしてくれる、コミュニケーションの万能防備スキルなのだ。

「挨拶やお辞儀なんてウゼェよ」と礼儀の型を習得するモードのスイッチを切ってしまうと、対人関係において自分の身を助けてくれる「重宝な防具」を持たないまま人と接することになる。そのほうがはるかに神経を遣《つか》い、はるかに疲れる。すべてフリートークになったら、個としての技量がいっそう試されることになるからだ。

「**作法は自分の身を守る鎧《よろい》である**」と言ったのは三島由紀夫だ。

「剣道は礼に始まり礼に終ると言われているが、礼をしたあとでやることは、相手の頭をぶったたくことである」

「戦闘のためには作法がなければならず、作法は実は戦闘の前提である」

（『若きサムライのために』文春文庫）

相手の頭を竹刀で打ち叩いても相手を怒らせずに済むのは、礼のもとに闘っているからだ。剣道のみならず、武道と礼とは切っても切り離せない関係にあるが、闘う技術を練磨《れんま》する技芸だからこそ、礼儀にかなった態度が求められる。

さらに、三島は、作法は若者を美しくする、とも言っている。

礼を尽くして振る舞うことの何がいいかといって、それは美しく、人から好ましく思われる、ということだ。

礼にはただ型があるだけではない。「なぜそうすることが望ましいか」という道理、筋がある。相手に失礼にならないための、理にかなったものの考え方に基づいている。型を身につけることでその精神性を理解すると、行動に心が乗り移るというのが礼のありようだ。

作法は反応を速やかにするための、しかも気持ちよくするための了解事項、共通ルールだ。

日本人は、礼の型を通して対面力をせっせと磨くことを厭《いと》わない民族だった。日本古来の武術や芸事は、みな型を習得する中で礼の精神を学ぶという面を持っていたので、習い事をすることは、その専門技術に卓越するだけでなく、礼儀に習熟することでもあった。

現代人が対面コミュニケーションに苦労しているのは、この礼の型というものをどんどん失っているからだ。

幕末・明治時代に日本を訪れた外国人は、日本人の礼儀正しさに驚いたという記録がいろいろ残っている。それをつぶさに調べて紹介している『逝《ゆ》きし世の面影』(渡辺京二　平凡社ライブラリー)の中に、たとえばこんな記述がある。イギリス人ジャーナリストであり東洋学者でもあるエドウィン・アーノルドの書いている一節だ。

「遠くでも近くでも、『おはよう』『おはようございます』とか、『さよなら、さよなら』といううきれいな挨拶が空気をみたす。夜なら『おやすみなさい』という挨拶が。この小さい人びとが街頭でおたがいに交わす深いお辞儀は、優雅さと明白な善意を示していて魅力的だ。一介の人力車夫でさえ、知り合いと出会ったり、客と取りきめをしたりする時は、一流の行儀作法の先生みたいな様子で身をかがめる」

アーノルドは、日本人の礼儀正しさの本質は、この世を住みやすいものにするための社会的合意のようだと言っている。

さわやかに、**礼儀正しく挨拶、お辞儀ができることは、自分自身がこの社会で生きやすくなる方法**なのである。

一に挨拶、二に挨拶。少しでもおろそかにしないようにしたい。

7　人との距離感はゴムのように伸縮するもの

「距離感がつかめない」とよく言うが、人との距離感というのはつねに一定のものではなく、ゴムひものように伸びたり縮んだりしている。

一つには、その人の育ってきた環境やこれまでの人との接触の仕方の蓄積《ちくせき》、経験知の集合として、他人との距離が近い人、遠い人といった個人差がある。初対面のときからものすごく気さくで、一気に距離を縮めてくる人もいれば、何度も会っていても他人行儀な堅苦しさが抜けない人もいる。

もう一つには、その人の状態がある。それぞれのその場における心の状態、からだの状態、感情的な機微《きび》などによっても、人との距離の取り方は変わる。近づいたり、少し遠のいたり、絶えず変化する。

だから、いつも決まりきったように同じ接し方をしていたのでは、うまくいかない。

臨機応変に対応を変化させることで、互いに気持ちのいい適度な関係性が保てるのだ。

「空気を読む」「読まない」というのは、そういった互いの距離感をすっと感じ取るセンサーだと私は思っている。

対面力のある人とは、人とのコミュニケーション経験知を高め、そのセンサーを研ぎ澄ませている人だ。センサーが「高感度」な人ほど、「好感度」も高い人になる。

相手との距離感に対して、伸縮自在な力をつけていくにはどうしたらいいか。

「裃《かみしも》を脱ぐ」という言葉がある。気兼ねがなくなって打ち解けることだ。現代でいえば、つねにスーツの上着を着て、ネクタイをきっちりと締めているような堅苦しさを外すこと。

ふだん礼儀正しく居ずまいを正して接する相手でも、ジャケットを脱いでラフな姿勢になって大丈夫なときがある。そういうときは、対応にちょっとした「崩し」を入れてみる。

空気が固いな、というときは、趣味や好きなものについて話題にする。言葉遣いも、失敬だと思われない程度に崩す。

私がいいなと思うのは、そういうときにふっと方言を口にする人だ。方言には場を和ませる力がある。出身はどこなのか、自分の地方ではそれをこんなふうに表現する、といったお国言葉でひととき座が盛り上がったりする。

逆に、仲のいい友人でも、会議に同席したときには一線を画して、苗字で○○さんと呼び、敬語で話すと、ピリッと空気が締まってくる。

場の状況に対応し、弾力性を持たせた接し方をする。その縮めたり伸ばしたりするスタンスが、「こういうときにはどう振る舞うべきか」というセンサー感度を磨くことになる。

学校の教師は、その緩急《かんきゅう》が非常に求められる。

子どもに馴《な》れてほしいと距離感を縮めて親しく接するのはいいことだが、つねにその雰囲気だと、ビシッと厳しくするときのけじめがつかない。子どもが近寄りがたい雰囲気をつねに出していると、それはそれで子どもの変化に敏感に気づいてやるオープンな関係になりにくい。

「あの先生はふだんは優しいけれど、怒ると怖い」、そんな距離感の自在さがある先生が一番いい。

お茶の世界で活躍する、裏千家的伝《てきでん》名誉教授の塩月弥栄子《しおつきやえこ》さんは、『冠婚葬祭入門』などで対面のマナーや礼儀作法を提唱してこられたおもてなしの達人だが、対談した際、塩月さんの柔らかい物腰に感動したことがある。

対談中、私の手を握ってくださった。こちらの緊張を心配したのか、若輩を温かくもてなそうとしてくださったのか。

茶の湯では相手のからだに触れるというのはあまりないだろうが、「崩し」のもてなしをしてくれ、とても感動したのを覚えている。

その時々、求められている対応のセンサーを張り、相手が肩が凝《こ》らない接し方ができると強い。

8　何はなくとも「笑えるからだ」

東京ディズニーランドでは、アルバイトを採用するときに素質は問わないという。基本的に応募してきた人は全員採用する「誰でもウェルカム」な姿勢なのだそうだ。

ただし、面接でクリアしなければならない関門が一つだけある。

それは「笑顔を出すことができますか」という質問。人に笑顔を向けることのできない場合は、ゲストに不満足な印象を与えてしまうので採用が見送られることがある。

『9割がバイトでも最高のスタッフに育つ　ディズニーの教え方』（福島文二郎　中経出版）に書かれていた話だ。

たった一つ求められるのが、人に笑顔を見せられるかどうか、なのだ。

どこの企業も、多かれ少なかれ同じようなことを考えている。

仕事に必要な具体的な技術・技能は採用してから教えることができる。しかし、無表情で笑うことのできない人を自然な笑顔の出る人に仕込むのは難しい。そういう人は笑えないだけでなく、反応力が全般に鈍い。人との距離感がうまくつかめない。どうしたらお客さんが喜ぶかを察することができない。対人体力がない。

反応のいい人は呑み込みもいいので教えやすいが、「笑えない＝対面力のない」人を育て上げるのはたいへんだ。

企業の採用担当者は「対面力を見定めています」とは言わないが、「感じのいい笑顔」で対面力を推《お》し測《はか》っている。笑顔は、反応できるからだかどうかの判断指針だ。

そして、大丈夫そうなら採用、その先に「では仕事を覚えてくださいね」という順番になる。

ところが応募する側は、「自分はこれができます」「こんな能力があります」と、たいてい技能や能力をアピールしたがる。土台となる身体性が見られているということに気づいていていない。

スキル磨きの前に、まずは笑えるからだを準備しておくことだ。

最近は笑顔の重要性が叫ばれ、笑顔指導をしている人もたくさんいて、自然ないい笑顔の作り方を研究しやすい。それを意識することはとてもいいことなのだが、笑顔の「かたち」、見映えにばかりこだわらないことが大事だ。

よく、「口角《こうかく》を上げる」とか「歯をどのくらい見せる」といった細部にこだわるあまり、「練習するんですが、どうしてもうまく笑えないんです」と言う人がいるが、口角を上げて表情筋を動かせば、必ず理想的な笑顔ができるわけではないと私は思う。

顔の表情を気にするだけでなく、肩甲骨が天使の羽が生えているような柔らかさになっているか、みぞおちががちがちに固まっていないか、といったように、**からだ全体でとらえたほうがいい。**笑えない人は必ず肩甲骨やみぞおちが硬くなっている。

口角が上がるというのは笑顔の結果であって、そればかりを意識して、取ってつけたようなつくり笑いになっていたら、逆にちょっと気持ちが悪い。みんな一様に均質化した笑顔になってしまうのもつまらない。

口元だけで笑おうとするのでなく、**全身で笑おう。**

笑い方にはたくさんの種類がある。自分の感情のほぐれ具合をどう表現するか、それはそのときどきで違う。軽くニッコリする微笑みから、呵呵《かか》大笑《たいしょう》のような笑いまで、人は状況に応じていろいろな笑い方をする。それがライブの対応だ。おかしくて涙が出るほど一緒に笑い合うとき、人は口角の上がり具合を気にしないと思う。

笑い方の練習をするなら、タイミングよく笑うこと、声を上げて笑うこと、いろいろな笑いのバリエーションを持つことだ。

さらに、笑いは人の身体性も変化させていく。

狂言師、野村萬斎《まんさい》さんが、あるテレビ番組で子どもたちに狂言の笑いの型を教えていた。それは優しい微笑みではなく、「わっはっはっは」という大きな笑いだった。

おもしろいことに、子どもたちは真似してやっているうちに、どんどん表情が明るくなっていった。口を大きく開けて、大きな声でおなかから「わっはっは」と声を出すことで、からだの緊張がほぐれていき、そうしたら本当に気分が晴れやかになっていったのだ。

おもしろいことがあったから笑うのではなく、**笑うことで人の気分は明るくなる、**という順番だ。

笑うと脳に酸素がたくさん送り込まれ、呼吸が深くなり、リラックスできる。いわば「脳が深呼吸している」状態になる。だから、プロの演奏家の中には、本番前の楽屋でよく笑うようにしている人もいるそうだ。そのほうがアガらないという。

リラックスして成果を出すためにも、よく笑うことが一番。受験や面接、大事なプレゼンの直前には大いに笑っておこう。

9　微笑みはマナーである

「笑わせる」とは、相手を開いた身体性にすること、ゆるめることだ。からだがほどけた状態になると、親近感を持ちやすい。笑わせて、ゆるめてくれる人と一緒にいると心地よい。

では、人を笑わせるようなことを言うのが得意でない人は、どうしたらいいだろうか。

「微笑をたたえる」というワザがある。場の雰囲気を積極的に変えることはできないが、柔らかな微笑みは、場を和やかにする。

かつて日本は、微笑みと礼儀の国と呼ばれていた。

さまざまな外国人が日本人の微笑みについて言及しているが、中でもラフカディオ・ハーンは、日本人の微笑は、「念入りに仕上げられ、長年育まれてきた作法」だと書いた。

「相手にとっていちばん気持ちの良い顔は、微笑している顔である。だから、両親や親類、先生や友人たち、また自分を良かれと思ってくれる人たちに対しては、いつもできるだけ、気持ちのいい微笑みを向けるのがしきたりである。そればかりでなく、広く世間に対しても、いつも元気そうな態度を見せ、他人に愉快そうな印象を与えるのが、生活の規範とされている。たとえ心臓が破れそうになっていてさえ、凛とした笑顔を崩さないことが、社会的な義務なのである。

反対に、深刻だったり、不幸そうに見えたりすることは、無礼なことである。好意を持ってくれる人々に、心配をかけたり、苦しみをもたらしたりするからである。さらに愚かなことには、自分に好意的でない人々の、意地悪な気持ちをかき立ててしまうことだって、ありえるからである。

こうして幼い頃から、義務として身につけさせられた微笑は、じきに本能とみまがうばかりになってしまう」

（『新編　日本の面影』池田雅之訳　角川ソフィア文庫）

気持ちのいい微笑みを向けることが、社会的な義務として行われていた、ということがわかる。

はたして今の時代、自分の周囲の人たちに気持ちのいい微笑みを絶やさないことを社会的義務だと心得ている人がどれだけいるだろうか。

自分が楽しいから笑うのではなく、他者のために微笑むことを身につけていた時代の日本人を、私はたいへん美しいと思う。

日本人の「おもてなしの心」というのは、他者への配慮の集積だ。

何らかの縁があって対面している人に対して、その人と一緒に過ごしている場に対して、「おもてなし」の精神を忘れてはいけない。現代風に言えば、相手や場に「サービスする精神」を忘れてはならない。

冷えたからだの人、おとなしすぎて覇気《はき》の感じられない人には、場に対するサービス精神があまり感じられない。当事者感が希薄で、「誰かがなんとかしてくれるだろう」といった相手任せ、他人任せな雰囲気がある。みんながみんなそれをやっていたら、場はちっとも温まらない。

相手のために微笑もう。

それも口元だけでなく、からだ全体で微笑もう。

朗らかなおばあちゃんは、頭も肩も背中も動かしながら、全身でうなずいたり、全身で微笑んだりする。

かつて日本全国をブームに巻き込んだ「きんさん、ぎんさん」という双子のご長寿姉妹がいらした。からだじゅうで微笑んでいた。

そのぎんさんの娘さんたちが、今また人気者になっている。上は九八歳、下は八八歳という四姉妹だ。元気の秘訣は、おしゃべりと笑うことだそうだ。

微笑みの達人である彼女たちは、対面の達人だ。大いに真似してみよう。

10　どんなときにも「上機嫌」習慣

みんながその日、その日を気分よく過ごすことが、幸せな世の中の原点だと思う。そのために私が言い続けているのが、「いつでも上機嫌でいよう」ということだ。

この上機嫌とは、性格的なものではない。もともと陽気であろうが、暗かろうが、関係ない。社会とうまくかかわっていくために、意識して安定した「人あたりのよさ」をキープする。そういうコミュニケーションのワザを指している。

楽しいことがあれば上機嫌になり、不愉快なことがあれば不機嫌になるのではなく、人を不愉快にさせないためにつねに上機嫌でいる。先ほどの「笑い」と同じで、ちょっと気分がすぐれない日も、つとめて上機嫌モードを維持していると、いつの間にか沈んだ気分も消えていく。

これをワザとして習慣化することは、人間としての成熟度を示すことになる。

上機嫌習慣のコツは、自分が気持ちよくなることにはない。**相手が気持ちよくなるような対応を意識して行動する**ことで、相手も上機嫌にさせ、コミュニケーションを円滑にしていく点にある。

相手がそこにいるのがわかっているのに知らん顔しているよりも、機嫌よくひと声かけ、笑顔を交《か》わせたほうがお互いに気持ちがいいではないか。

対応がぶっきらぼうでいつも不機嫌そうだと、その人とかかわることが不愉快になり、自然と避けてしまうようになる。調子だけはいいが実力が伴わない人も困るが、同程度の能力ならば、いつも明るく上機嫌な人のほうがいい。

採用にしても、同じくらいの能力の人をどちらか一人採ることになったら、不機嫌タイプより職場のムードを明るくしてくれそうな人を採りたくなる。

不機嫌は、注意していないとクセになる。不機嫌は心の柔軟性が低い状態だ。「柔よく剛を制す」という言葉もあるが、がちがちに硬い心は、何か強い負荷がかかったときにポキッと折れやすい。

うまくいかなかったとき、ダメになったときこそが、上機嫌のワザ化の正念場だ。

うまくいっているときに上機嫌なのは当たり前。そうではないときこそ明るく「いやあ、ダメだったか」「考えてみりゃ、それもそうだね」「また、次もあるさ」ととらえる。引きずらない。

あるいは、ちょっと苦手だと感じる相手に対してこそ、上機嫌に接してほしい。向こうから何か言われる前に、こちらからにこやかに話しかけ、上機嫌パワーでこちらのペースに巻き込もう。そういうときは、相手との距離感だの空気だのを読んで遠慮してはいけない。先手必勝だ。

「いつでもどこでも上機嫌！」を心がけていると、対面力は飛躍的に上がる。

11　鍛えれば疲れなくなる！

対面状況が苦手で、人に会うと疲れるのは、運動不足でスタミナ切れしやすい状態と同じだと考えればわかりやすい。

健康維持のためにジョギングをしたり、ジムに通ったり、その他スポーツや武道に勤《いそ》しむ習慣のある人は、みんな体力的にタフだ。仕事でも抱えている案件がたくさんあって忙しそうに見えるけれども、とくに疲れたと言うこともなくこなしている人が多い。

一方、ふだんあまりからだを動かさない生活をしている人や、運動習慣が継続できなくてつい不摂生《ふせっせい》をしてしまう人は、これまで平気だった階段の昇り降りで息が切れてしまうようになったり、ちょっとのことで疲れたなあと感じるようになる。

対人関係にはやはりエネルギーが要《い》る。一般的な基礎体力と同様に、人それぞれ

「対人体力」があり、鍛えている人ほど疲れを感じない。

昔の人はよく歩いた。よく動いた。よく話した。よく助け合った。対人体力がかなり高かったと思う。なぜなら、それが生きていくために不可欠なことだったからだ。現代人の生活は、よくいえば便利だが、人と交わらなくても事足りてしまうことが増えている。その結果が対人体力の劣化につながってしまっている。

たとえば、買い物をするのに「店員とやりとりするのが煩《わずら》わしい」と言う人がいる。ネットで買えば誰とも話をしなくていい、自分の欲しいもの以外のものを勧められるようなこともない。届けてもらえるから、家にいながらにして買い物ができる。店に行って店員とは話をしないで品物だけをチェックして、購入するのはネット、という人もいる。

人とかかわるのを面倒くさがり、敬遠していると、対人体力はますます衰《おとろ》えてしまう。

もし、四六時中ずっとパソコンの前に座ってインターネットばかりやっている引きこもり生活を一年送ったとしたら、どうなるだろうか。自分が主体的にかかわっていこうとしなくても、楽しめることがたくさんある。買い物もできる。コミュニケーションもまあ取れる。バーチャルな会話はするかもしれないが、生身のからだをかかわらせて反応する必要はない。そんな暮らしだ。

その人は一年後に社会に復帰したとき、社会とのズレを感じ、対人関係でものすごく疲労するだろう。

人と接することに疲れるのは、性格的なものというより、対人体力不足、対面運動不足のせいなのである。

かつては、大学に行くというのは親の監視下から巣立って、独り立ちすることを意味していた。学生とはいえ半ば大人の世界に脚を踏み入れたようなもので、対人体力が非常に求められた。そこで昔の学生は、一緒に麻雀《マージャン》をやったり、酒を飲み明かしたりして、対人体力を鍛えていたものだった。

最近の大学生は高校の延長気分で進学していて、大学時代に大人になるための対人体力を培《つちか》おうと考えている人が少ない。人付き合いは「体力」を要すものだということ、鍛えなければ磨かれていかないものだという認識があまりない。親しい一部の仲間とだけ付き合うのでは、対人体力がつかない。

ママ友との付き合い方がわからない、疲れてしまう、と悩む人も少なくない。妊娠・出産で、それまでの仕事を辞めたり、休んだりして、人付き合いの機会が減っていることが一因だと思う。また、「子どもを持つ母親同士」の立場という、これまで経験のない対面力が求められるようになった難しさもある。まだ経験知がない領域なのだ、戸惑うのも無理はない。

人付き合いも自分を磨くエクササイズのようなものだ。

「この分野の体力は、持久力と柔軟性が必要かな」という気分で、対人体力を上げていくことを考えよう。

体力がつけば、いつしか疲れを感じなくなる。

第二章　話し上手・聞き上手・間合い上手にこうしてなる！
――ちょっとしたコツで対面力は磨かれる

12　オウム返しは共感の第一歩

会話における聞く側のマナーの第一は、「ちゃんと聞いていますよ」ということが相手に伝わることだ。

うなずく、相づちを打つ、それも声に出して合いの手を入れ、手で表情を出して聞く。その延長線上にあるのが、「オウム返し」の術だ。

相手が口にした言葉の一部を繰り返す。

相手が「一番の問題はストレス耐性なんだよね」と言ったとする。「なるほど、ストレス耐性ですか」と受ける。機械的な感じにならないように、自分の中で相手の言葉を噛みしめるようにして、その言葉を共有する。

相手が言いたかった言葉をピンポイントで返せると、話したほうは、自分の言ったことがきちんと受けとめられて相手に入っていることに心地よさを感じる。

語彙《ごい》の共有は、感覚の共有につながりやすい。

ミラーニューロンというものが、人間の脳にはあると言われている。相手の行動を見ているときと、自分がそれと同じ行動をしたときとで、同じ反応が脳内に起きる現象のことをいう。

相手がうなずいたらうなずけばいいし、笑ったら笑えばいい。相手が盛り上がって声を上げたらこっちも声を上げていくと、場の共有度が高まっていく。

ミラーニューロン的に相手の行動を真似ていると、真似をされた相手の好意を生み出すことができるという。つまり、自分の真似をしてくれる人を人は好きになるらしい。

みんな自分を肯定してほしい。自分のリズムに合っている人は自分と気が合うと思うのは、人間の性質だ。相手の真似をしていくと、「この人といると気分がいいな」という感覚が生まれてくる。

相手の話にちょっとついていけなくなったり、気の利いたコメントがすぐに出なかったりしたときに、オウム返しは時間稼ぎにもなる。とりあえずオウム返しをして、その間に頭を高速回転させて、次の言葉を探す。その数秒の猶予《ゆうよ》で、情報を整理することもできる。

ただし、オウム返しはやりようによっては不快感につながることもある。

オウムはタイミングや人間の心理を汲み取ることができない。うるさく反復されると、腹立たしくなる。相手の神経を逆撫《さかな》でするような返し方をすると、逆効果になる。

たとえば、「ストレス耐性なんですね」「溜めてしまうんですね」「切り替えるんですね」としつこくオウム返しばかりされたらどうだろうか。相手は必ずイライラしてくる。

タイミングもある。相手がひと呼吸おいて続きを話そうとしているタイミングで、腰を折るような感じで口を挟まれたら、やはりいい感じはしない。

言い方もある。「ふ〜ん、ストレス耐性ねぇ」と鼻であしらうように言われたら腹が立ち、話したくなくなるだろう。

ピックアップする言葉も関係する。ストレス耐性という言葉を拾うのではなく、「へえ、一番の問題なんですか」と言ったとする。相手が今どんな話をしようとしているかによって、「引っかかるところはそこではないだろう」というところがある。

それがズレていると、トンチンカンな人だという印象になる。

適切なオウム返しは、相手の話をきちんと聞くことが大前提だ。そして**感情に寄り添う**気持ちで、返すのがコツだ。話を促すための返しワザなのだ。

13　意識して名前を呼ぼう

私は会話の最中に、最低三回は相手の名前を呼ぶようにしている。

「○○さんはこれについてどう考えていますか？」

「そういう状況になった場合、○○さんならどうします？」

「○○さんのそのアイディアに僕も賛成ですよ」

という具合。**相手の名前を呼ぶだけで、「1対1」の距離感は圧倒的に縮まり、親しみが湧く。**

初対面の人と名刺交換をしたら、その名刺を目の前に置いておいて、意識的に何度も相手の名前を呼ぶようにする。そうすることでその人の名前も覚えやすいし、相手も話していて悪い気はしない。

「会議革命」を提唱したとき、必ず名前を織り交ぜながら意見を言うようにしてもらったところ、それだけでとても熱のこもったディスカッションになった。

「A案に賛成です」と言うよりも、「○○さんのおっしゃったこれこれの意見に私も賛成です」と言うようにしたほうが、自分の意見が認められているという感覚は強くなる。

名前を呼ぶときには、**どう呼ぶか、苗字で呼ぶのか名前で呼ぶのかといったことも、相手との距離感を左右する尺度の一つ**だ。

たとえば、学生時代の友人と久しぶりに会っても、すぐに昔の親しさで話せるのは、名前の呼び方が大きいと思う。呼び捨て、愛称やあだ名など、当時の呼び名で呼び合って話をすると、一気に時間の空白を縮めることができる。

日本語というのは、あまり名前を呼ばなくても、なんとなくコミュニケーションができてしまう言語だ。

夫婦間では多くが「おい」「おまえ」「あなた」などと呼びかけ、子どもができると、互いを「お父さん」「お母さん」と呼ぶ。

日常の挨拶でも、「おはようございます、○○さん」といちいち相手の名前を言ったりしないのが普通だ。英語なら、必ず相手の名前を呼ぶ。

フレンドリーな関係を築くことをよしとするアメリカのような文化では、ビジネスの場面でも、いきなりファーストネームで名前を頻繁に呼び合うのとは、大きな違いがある。

対面で親しみやすさが出しにくい日本では、いっそう相手に呼びかける回数を多くする必要がある。

私の授業では、各人が「呼んでもらいたい呼び名」で自己紹介をする。覚えてもらいやすく、親しみを感じられる呼び名にした者は、発表などのあとで「いい発表だった」という獲得票が多い。呼び名で親近感が生まれれば、意見まで受け容《い》れてもらいやすくなるという例だ。

自分から「○○と呼んでください」と言うのも、相手との距離を縮めるのに効果的だ。使ってみよう。

14　いいことを言おうとしない
——あがり症を克服した名経営者

セブン&アイ・ホールディングスの鈴木敏文《としふみ》会長は、子どものころ、引っ込み思案でたいへんな「あがり症」だったそうだ。

「中学に入るときの口頭試問でも、頭が真っ白になってしまい、何も答えられない。ぼーっとしちゃうんです。終わって部屋を出ていこうとするとき、『君はなぜ答えないんだ』と怒られる始末。この面接はものすごいショックでした」

「これではいかん。あがり症も引っ込み思案も克服しなければいかん。中学に入ってから一念発起。小県《ちいさがた》蚕業学校という実業学校に進学し弁論部に入りました。文章を書くのは好きだったので、演説の原稿作りはさほど苦にならなかった。そうして少しずつ自信がついていきました。地域の学校による弁論大会では三位に入った。けれども審査員から痛いところを突かれました。『論旨は非常に良い。話し方もいい。しかし問題がある。聴衆を全然見ず、窓の外を向いてしゃべっていることだ』。木にスズメがとまっていて、ずっとそれを見ながら暗記した論旨通りに話していた。聴衆を見ると、あがってしまうかもしれないと思ったんですね。

あがり症を治すのは一筋縄ではいかなかったけれど、高校のときは生徒会長にも選ばれ、卒業式で送辞や答辞を読んだ。徐々に集団を仕切れるようにもなってきた。今も毎年二月に開いている小学校の同窓会では『おとなしかった君が、変われば変わったもんだ』などと言われますが、私なりに相当努力したんです」

（『人間発見　私の経営哲学』日本経済新聞社編　日経ビジネス人文庫）

あの鈴木会長も、ひたすら努力と経験を積み重ねてあがり症を克服した。これは勇気を与えてくれるエピソードだ。

今はたいへんな話の名手だが、人前で話をすることに自信がなかったからこそ、どうしたら聞く人を引き込むような話ができるかを真剣に考えられたのである。

　克服するために努力したといっても、肩に力が入ったようながんばり方ではない。鈴木会長のスタンスは柔らかい。こんなこともおっしゃっている。


「人前で話すとき、いちばん大切なのは、自分が常に考えていること、思っていることを、平易な言葉、平易な話し方でそのまま表現することです」

「いちばんよくないのは、付け焼き刃で借り物の話をすることです。人間は人前で話をするとき、少しでも格好よく思われようという心理が働くため、事前に本などを読んで、そこから引用してネタに使おうとしがちです。そして、それを自分の言葉であるかのように話す人がいます。

　しかし、何の説得力もありません。内容は簡単でも自分のものにしたことがらを話したほうがはるかに説得力を持ちます。借り物をしゃべろうとするから緊張するし、話も駄目になるのです」


（『鈴木敏文の「話し下手でも成功できる」』勝見明　プレジデント社）

人前で話すことが嫌いな人は、「いいことを言わなきゃ」と意識しすぎて自らハードルを高くし、それがプレッシャーになっていることが多い。

人はどんなに背伸びをしようとしたところで、**自分の体験や自分の考えに根ざしたこと以上の話はできない**ものだ。

自分の言葉になっていないものを、むやみに受け売りしない。

私はつねづね「意味含有率が高い話をしよう」と言っているが、難解な言葉を用いることが、意味含有率が高いわけではない。むしろ、深いことを難解な言葉を使わずに伝えられることのほうがすごい。

いいことを言おうとしない。

肩の力を抜き、まず踏み出せよ、ということだ。

15　沈黙の間が怖くなくなる方法

会話が途切れたときの沈黙の「間《ま》」が怖い、と言う人が多い。

気まずい空気が居たたまれなくて、ひとりでどうでもいいことをべらべらしゃべり続けたとか、ボケをかましてみたもののまったくウケず、ますます寒い空気になってしまったとか、何を話したらいいかわからないままヘンな沈黙が支配したとか、みんな冷や汗が出るような体験をいろいろしている。

沈黙の間が気になるときというのは、相手と自分とのあいだに円滑な関係性が築けていないときに多い。「黙っていたら嫌われるのではないか」「空気の読めないやつと思われるのではないか」といった心配がある。つまり、相手と自分のからだがリズムを合わせられないことへの懸念なのだ。

手っ取り早い解決策は、相手と息を合わせることである。

呼吸のリズムを合わせる。そこまでいかないまでも、**からだのリズムを近づける。**たとえば「キャンディどうですか?」とか「ガムいかがです?」と勧めて、舐《な》めたり噛んだりしていると、無理に言葉を交わさなくても気まずくない。互いに同じものを口に入れているだけで、ちょっと同調的なムードになる。

「これ、うちのペットなんですけど」「この間、素晴らしい夕陽を見たのであわてて撮ったんですよ」と、スマホでお気に入りの写真を見せるというのも一興だ。

相手と一緒に一つの小さな画面を見る、という行動は息を合わせやすい。延々と見せられたらかなわないが、ちょっとした雑談感覚ならご愛嬌《あいきょう》だ。

恋人や家族だったら、ボディタッチする。手をつなぐとか、「肩凝っていそうだね、揉もうか」とマッサージしたりする。これは文字通り互いのからだが触れ合って、息を合わせることになる。

大勢の人が集う場での沈黙は、空気を変えることが一番いい。

会議のときに「誰か意見はありませんか」と進行役の人が振っても、誰も何も言わずにシーンとしている、こういうときは誰かが口火を切る必要がある。その場の雰囲気を変えるために、とにかくさっとすばやく意見を出す。

みんなが納得するようないい意見である必要はない。むしろ**みんなから突っ込みが入りそうな意見のほうが、場に活況を与えることができていい。**

きっと誰かが何か言うだろう、誰かが空気を変えるだろう、という傍観者的な冷めた姿勢ではなく、当事者感を持って沈黙を破れる人は、その積極性でみんなから一目置かれる。

沈黙のずらしのうまい人もいる。場を一気にほぐすような笑いを提供する。「河岸《かし》を変えましょうか」と食事や飲みに誘い、空気を変えるタイミングとして活用してしまう。これも、みんなのからだのリズムを同調させていくための働きかけだ。

「1対1」でも、大勢がいる場でも、**沈黙は頭で破るのでなく、からだで破る**ものだ。

16　会話のテンポを崩さないために

対面で大切なのは、時間感覚だ。

会話の中で、考えをまとめるのに長い時間がかかってしまうと、会話のテンポがずれてしまう。

会話はキャッチボールだ。相手にボールを投げたのに、相手が一向に投げ返さない。一〇秒くらい経ってからボールが戻ってきても、なんだか拍子抜けだ。そんな**間の抜けたキャッチボールは楽しくない**。

テレビの国際映像での、映像と声がズレる感じを思い出してほしい。相手の返事が数秒遅れると、ずいぶんしゃべりにくい感じがする。

キャッチボールがうまい人は、キャッチボールをするときの動き、反射の技術が、自分のからだに染み込んでいる。そのため、いちいちその場でからだの細部に意識をめぐらして「どう反応したらいいか」を考える必要がない。「取る」ことと「投げる」ことが一連の動作になっている。ボールを投げたり受けたりする動きが「自動化」できているのだ。

対して、基本的なボール扱いの経験が足りない人は、取るときには取るだけでいっぱいいっぱいになっている。そして無事に受け取れたらほっとして、それから投げることを考える。うまくキャッチできなくて、ころころ転がるボールを拾いに行ったりすることもある。当然それだけ返球が遅れる。

練習して手の動きや肩の回し方を覚えれば、どんどんうまくなる。それが「自動化」への道だ。

同様に、**会話のキャッチボールも「自動化」させられるように、基礎訓練を積んでおきたい。**

短い時間でさっと思考をまとめて話すとか、質問に対してできるだけすばやく返答する練習をする。詳しくは項目「21」で述べるが、私がストップウォッチを手にして、「〇秒で話そう」という練習を頻繁にさせるのは、反応力を上げ、テンポを外さない会話ができるようにする訓練のためである。

会話では、事前にどんな話をするかをある程度準備しておいても、その場で相手がどう出てくるかはわからない。だから実際には、相手が話している間に、次に何を言うかを考えなくてはならない。

相手が話している間に次に話すことを考えていたら、相手の話が聞けないではないか、と考えるのは、自動化ができていないということである。**脳の回路を頻繁につないでおけば、聞きながら考えることができる**ようになる。ボールを取りながら次に投げることを考えられるように。

思考に割けるエネルギーの余裕というか、スペースができてくるのだ。

その積み重ねでテンポのよい会話ができるようになっていく。

相手が何かを話している間に、思いついたことをサッとメモしておくのもよい。

次に何を言おうかな、と手間取ることが少なくなるだろう。

17　コミュニケーションに「でも」は要らない

「でも」「だけど」と言うクセのある人がいる。きっと、自分でも気づいていないのではないだろうか。

逆接の接続詞は会話には要らない、これが私の考えだ。

「でも……」といわれて、「どんな反対意見なのかな、何を反論するんだろう？」と思って聞いていると、まったく逆接を必要としない話をしたりする。接続詞としてつい無自覚に使ってしまうのか、それとも「自分はこんなふうに考えている」と自分なりの視点をアピールしたいのかわからないが、意味のない言葉だ。

会話をしていて、**自分の話に対して「でも」と切り返されて気分のいい人はいない。**

論を闘わせるディベートや討論の場ならば使う可能性もあるが、ふだんの対面状況では逆接の出番はない。私は、基本的に文章を書くときしか使わない。

「でも」と言いそうになったら、もう一度頭を整理してみる。書き言葉とは違って、これから自分が言おうとすることは、たとえ相手の意見の反対を言う場合でも、接続詞「でも」なしで言うことができるはずだ。

たとえば、「ロシア文学なら、ドストエフスキーが好きだな」とこちらが言ったとき、「でも、ロシア文学といえばチェーホフですよね」と返されると、否定された気分になる。でも、「そうですね。私はチェーホフも好きです」と返されたら、そこから会話が弾む可能性が出てくる。

会話は、相手とのキャッチボールだ。相手に言葉を投げて、相手の言葉を受け取って、やりとりしていく。逆接で受けるというのは、「そんなボール取れないよ」と相手を否定してかかっていることなのだと気がつかなくてはいけない。

もし、**相手と反対の意見を述べたいなら、受けとめてから、ずらしていく**。「否」と言下に相手を否定しなくても、「こういう考え方もできる」と話を進めていくことで、別の見方を相手に提示することはできる。

日本語というのは、白黒はっきりさせて伝え合うよりは、そこをあいまいにしたままニュアンスで伝えるのに適した言語である。言い方はいろいろ工夫できる。

「でも」だけでなく、自分が無意識にどんな話し方をしているか、友だちと話しているときの会話を**録音して、それを文字に書き起こしてチェック**してみよう。自分の話し方のクセがよくわかる。

ふだんの話し言葉というのは非常にラフだ。「えー」「あのー」という余計な言葉をどれくらい使っているか。「あれ」「これ」「それ」のような指示語で済ませてしまっていることがどれだけあるか。「っていうかさあ」「〇〇みたいな」「〇〇だったりしてね」といった、あいまい表現をどのくらい使っているか。

ふだん話し言葉で頻繁に使っているクセは、オフィシャルな場、たとえば面接などで話すときにもつい出てしまうものだ。敬語は意識している人が多いが、「あの」「その」「それ」「みたいな」といったところはそのまま出やすい。とくに緊張していればなおさらだ。「声が小さい」「語尾がはっきりしない」なども、直しておきたい話し方のクセだ。

話し方がもたつかなくなると、すっきりして好印象になる。

18　前置きはしない

日本人は謙遜表現をよくする。

手土産を渡すときに「つまらないものですが」と言うのは、挨拶の定型だからともかくとしても、スピーチでは「私のような者がこのような晴れがましい席で高いところからご挨拶申し上げるのもなんですが」と言い、会議では「みなさんお気づきで、あらためて私が言うことではないかもしれませんが」と言い、プレゼンでは「ちょっと準備不足でお聞き苦しい点もあろうかと思いますが」と言う。

予防線を張るような前置きは余計だ。

自分で壇上に立つスピーチを引き受けておいて、なぜ高いところから云々と弁解するのか。あらためて言うほどのことではない意見を、なぜ言うのか。なぜベストの状態まで準備をし尽くして発表の場に臨まないのか。

すべて言い訳、エクスキューズでしかない。

何ごともスピードアップした時代だ。これがたとえばお茶席のような伝統的な世界であれば、古いしきたり通りにやることには意味があるが、日常はもっとスッと本題に入ってくれたほうが気持ちがいい。形骸化した常套句《じょうとうく》を使って言い訳をするのはやめるべきだ。

単刀直入に、伝えるべきこと、伝えたいこと、重要なことから言っていく。

三つ言いたいことがあったとする。

一つ目でうまく相手の心をつかめば、そこで盛り上がるかもしれない。けれど、相手に全然興味を持ってもらえないことだってあり得る。二つ目、三つ目の話は聞いてもらえない可能性もある。

あとで「もっとああ言えばよかった、こう言えばよかった」と後悔しないためには、一番人を惹《ひ》きつけそうなことから話していく。

明石家さんまさんが嵐のメンバーとトークする番組に出たときに、「『おもしろいことがあったんだ』と先に言ってはダメ、先に言っていいのはモノマネだけ」と言っていた。

最初に「こんなおもしろいことがあってね」と言ってから話しはじめると、相手は期待を高めているので、おもしろさのハードルが上がってしまう。その結果、「なんだ、そんなこと。たいしておもしろくないじゃないか」ということになりやすい。

モノマネの場合は、「これから誰々のモノマネをします」と言ってからやったほうが、イメージが湧きやすいので笑ってもらいやすい、という。

おもしろい話も、前置きしないほうがいいのだ。

19　話は変えない
――会話は川の流れのように

「話題を変えますが」「話は違いますけど」も言わない。

これも「でも」「だけど」と同じで、文脈ぶった切り話法だ。

会話では話題が少しずつ変わっていくのは当たり前のことで、ずっと同じところをグルグル回っているだけでは行き詰まって飽きてしまう。それまでの話とかかわりがありつつもちょっと違う話が出てくるから、新鮮でおもしろい。

だから、そこには断りを入れる必要はないのだ。

話は変えない。というか、うまい会話ができる人は、変えているようでも、派生しながら、つながりはずっと持続させている。

ポイントは「**沿いつつずらす**」ことだ。

相手の言葉によって自分の脳が刺激されて思ったことを、「**今の話で思い出したんですが**」とか、「**それと似た話で**」といった形で話すと、それまでの話とつながりを持たせられる。

それを聞いた相手にも何か触発されるものがあって、「そうそう、そう言えば」と、どんどん広がっていく。

相手に触発される快感、相手を触発する快感がお互いにあって、**脳が心地よく刺激されながら会話がどんどん流れていくのがいい会話**。会話の楽しさの真髄はそこにあると思う。

会話は川のように流れるもの。自然に流れ、こっちの支流、あっちの支流と分かれてみたり、また本筋に合流してみたり、その予測不能の流れを楽しむ。

話の流れをこっちのほうに持ってこよう、とするのではなく、相手の言葉でこちらが触発されて、そこで連想したことやつながったことを出して、相手の反応によってまた展開していく。

そういうふうにしていて、基本的には相手の使った言葉や話題に触発されて派生していく形を取る。

たとえば、「対面力」というテーマの本の企画の話をしていたはずなのに、「まさに対面力がテーマの青春映画がありますよ！」「ああ、見た見た。そういえば出演していた俳優さんも、すごい人生を送った人だったらしいですね」などと続いていく。そこから境遇が似た知人の話になり、家族の話になり……。

「何の話をしていたんだっけ？」というくらい話題がずれてしまっても、ちゃんとつながっていてまたもとの文脈に戻って「ああ、そうか、今まで話したことに共通するのはやはり『対面力が大切だ』ということだよね」などとなると、すっきり感を味わえる。そうやって話を進められると、「話し上手な人だなあ」「この人と話していると楽しいなあ」と思う。

私は対談をする機会がよくあるが、対談も最初に編集部で用意してくれたレジュメ通りの話をしているだけだと、いまいちおもしろくない。

ちょっと脱線したようでありながら話が膨らんでいって、結局、その日のテーマに即していた想定外の話ができると、「今日は楽しかった、成功だったな」という印象が残る。脱線、派生を受け容れられず、自分の用意してきたメモと資料ばかり見て話している人はつまらない。

会議もそうだ。

みんなが想定内のことだけを言い合い、予定調和な決定が下されるような会議なら、わざわざ対面して話す必要はない。堰《せ》き止められた水溜まりの中だけでチャプチャプやっているのではなく、**議論という川の流れを楽しむ**べきだ。

思いもかけないアイディアや意見が出てきて、それに触発されてさらに斬新な意見が出て、みんなの考えがどんどんシフトして、予想とは異なる結論になる、そんな会議こそ集まり甲斐のある有意義な会議だと思う。

それは「話が変わった」のではなく、「話がよく揉まれた」のだ。

20 「流す」感覚を持つ

人との距離感を自在に変える柔軟性を持つには、りきまないことが大切だと思う。

阿川佐和子《あがわさわこ》さんは『聞く力』（文春新書）でもいろいろと対談にまつわるおもしろいエピソードを紹介されているが、実際お会いしてもじつに無駄な緊張のない方だ。テレビで論客たちを仕切って進行役をされているときも、場を取り仕切るという硬い雰囲気ではなく、何か楽しそうにやっていらっしゃる。

聞き手のりきみは、相手に伝播《でんぱ》する。相手をりきませないためには、こちらがまずりきまないことだ。

たとえば相手から聞き出したいことがあるとする。真っ向から質問してすぐに返ってくるのは、たいてい表向きの話だ。それが相手にとっては答えにくいようなことであれば、ますます直球勝負では引き出せない。

相手がちょっとディフェンシブになったのではないか、先ほどまでより距離が遠くなったのではないか、そんな雰囲気を感知したら、もう無理してそこは突っ込まない。切り口の違う質問に切り替えて、それとなく様子を探っていく。質問の仕方が違うと、意外とすんなり核心のところを話してくれるようなこともある。

一つのところに穴を掘りはじめたら、そこを徹底的に掘り下げていこうとするのは、普通の対話ではあまりいいとは言えない。こっちをちょっと掘り、あっちをちょっと掘り、**小さな発掘坑《こう》をいくつか開けておき、その坑から坑をつないでいく。**それが対話の持つライブ感覚のおもしろさだ。

柔軟に対応するには、スルーすること、「流す」という感覚が必要だ。

ここの部分が前に進まないからといって、そこに引っかかってしまわないこと。相手と意見の相違や感覚の違いがあっても、摩擦《まさつ》を起こしそうなところにこだわらない。流す、流す。

話を聞いているときに、首をひねるクセとか、眉《まゆ》をしかめるクセのある人がいるが、そうしたクセも感じがよくない。口では何も言わなくても「私、引っかかっています」と態度で言っているようなものだからだ。

議論すべきこと、確認すべきことは、相手が一旦話しきったところであらためて聞く。

流すということは、**固着しない**ことだ。

流すことができる人は、「大人度」が高い。

『論語』に「子《し》、四《し》を絶《た》つ。意《い》なし。必《ひつ》なし。固《こ》なし。我《が》なし」という言葉がある。

孔子には、自分の意見を押し通そうとする「意」がなく、何でもあらかじめ決めた通りにやろうとする「必」がなく、一つのことに固執する「固」がなく、利己的になって我を張る「我」がない、と。

そうした柔らかな流動性が、対面力の大事な条件だ。

21　とっさのひと言は「一五秒感覚」で鍛える
――瞬発的思考力の磨き方

対面コミュニケーションには、**瞬発的思考力**が求められる。

たとえば、エレベーターの中で顔見知りと一緒になったとき、一〇秒か一五秒程度の間にさりげない会話がさっとできると好感度が高い。

アップル社には故スティーブ・ジョブズにまつわる伝説が数多くあるが、ことに有名なのが「エレベーターに気をつけろ」という話だ。ジョブズとエレベーターに乗り合わせたある社員が、目的のフロアに着いてエレベーターを降りるときには、仕事を失っていたからだ。その社員は、ジョブズから「今日は自分の給料をもらうだけの、どんな貢献を我が社にしたか？」と問われ、とっさに答えられなかった。ほんの一〇秒、二〇秒ほどの間のやりとりで失敗し、クビを言い渡されてしまったというのである。

こうなると自動車事故に遭ったようなものだが、とっさの機転が利けば、事故は防げたかもしれない。

初対面で名刺を交換したあとの一瞬の間に何を言うか。

得意先の人とトイレで一緒になってしまったらどんな言葉を交わすか。

瞬発的に何か言わなくてはならない状況は多い。反射的に言葉を出すためには、ふだんから「ちょっと追い込まれた状況でパッと考える」思考回路を開いておかなくてはならない。

それには、日ごろから反応をよくすること。もう一つ、**時間の密度を意識すること**、**「一五秒感覚」を磨く**ことを勧める。

テレビコマーシャルはだいたい一五秒と三〇秒だ。三〇秒ＣＭをコンパクトにまとめたのが一五秒バージョン。伝えたいメッセージは十分こめられる。

私の大学の授業では、簡潔に内容の詰まった話ができるようにするために、ひと区切り一五秒の感覚を身につけるトレーニングをしている。

たとえば、あるニュースの内容を誰かに説明するとしたらという気持ちで、一五秒に要約して言う。ストップウォッチを使ってきっかり秒数を計り、一五秒に収まるように短縮する練習をする。

読んだ本のおもしろさを伝えるのもいいし、最近熱を入れてやっていることの紹介でもいい。誰かに伝えるつもりで話してみる。

みんな思っていることを書くことはけっこうできるが、話してみると難しい。「話す」というトレーニングが圧倒的に少ないのだ。

つねに「これを一五秒で話すとしたら」と考えていると、テンポアップした思考習慣がついていく。それを発表しなければならない場があると、いっそう本気モードになる。

「一五秒でひとポイント」を練習したら、次のステップとして、三つのポイントを用意してそれぞれ一五秒で話し、最後の一五秒で締める練習をする。すると、非常に意味含有率の高い一分スピーチができるようになる。

「先生、日ごろのトレーニングが役に立ちました」と学生から言われるのは、多くが面接時だ。

ある学校の世界史の教師採用試験の面接に行った卒業生が、『世界史なんて役に立たない』と生徒に言われたら、どう答えますか？」という質問をされたそうだ。

世界史の有意義性を答えようとすると、とてもひと言では言えない。説明が長くなってしまう。だが、ここで求められているのはそういう回答だろうか、と考えた彼女は、こう答えたという。

「『でも、世界史ってメチャクチャおもしろいじゃない！』と言います」

面接官から「それは力業《ちからわざ》ですね」と笑われたらしいが、結果は「採用」だった。

この当意即妙《とういそくみょう》な答えは、けっこう的を射ていたのではないかと私は思う。役に立つ立たない以前におもしろいというのは、教える仕事としてはとても重要な要素だからだ。面接官は、生徒をハッとさせるようなことの言える、機転の利かせられる先生を採りたかったのだろう。

面接には「正解」はない。質問そのものに答えようとする前に、**「相手はどんな意**

図でその質問をしているのか」という点に頭をめぐらすことができるか。その一番本質的なところにスパッと切り込んで、とっさに判断できる人は強い。

面接などでの瞬発力は、負荷をかけ、追い込まれた状況のなかで必死に考えて、自分の脳ミソのなかから「これ」というものをすばやく絞り出す練習をふだんから積んでいないとできない。

あらかじめ考えて、用意したことを話しているだけだと、相手は心を動かされない。

一五秒で意味内容のあることが言え、相手もそのテンポで応じることができると、高速回転で密度の濃いやりとりができる。脳がスパークするのを味わう楽しい会話ができ、その人と「通い合った」感が残る。

その自信が、自分をよりオープンにする。

「瞬発的思考力」は大事だ。とっさのときの防備になるだけではなく、その場で出会った人をさっと楽しませることができるという対面力の大命題をかなえるための武器になるからだ。

第三章

「世渡り上手」を実践しよう

——相手を気持ちよくさせる対面力

22　準備のうえでのノープラン
――即応力には小ネタが必要

対面力は、ライブでの即応力だ。ライブ状況では、どんなタイミングでどんな話をするかを細かく事前に決めておくことはできない。だが、ネタの仕込みは大切だ。「人と話す機会があったら、こんなことを話そう」「これも話してみよう」という素材を、ふだんから溜め込んでおく。おもしろい話のネタを集めることをひたすら考えるというのではなくて、**ふだん見聞きしていることを「これは使えそうか」「自分ならどうアウトプットするか」の視点を持ってストックする。**

東大大学院の英文学教授である斎藤兆史《よしふみ》先生と『日本語力と英語力』（中公新書ラクレ）という対談本を出したことがある。斎藤兆史先生はこんなことをおっしゃっていた。

「（外国人のいる）パーティやセミナーに出るのなら、相手に認められるくらいの小ネタを用意し、英語で話せるように暗誦しておく。そして、ここぞというチャンスがあったら、そのタイミングを逃さず小ネタを披露する。こういうトレーニングが重要です。内容がなくてもいい、何でもいいから手を挙げてしゃべるというのは、ちょっと違いますね」

「『これだけは自信を持って人前で発表できるという話のネタを増やしていけ』と指導しています」

英語で外国人の会話に入っていくときは、何でもいいから声をかければいいわけではなくて、やはり**流れの中で知的かつおもしろい話をする**必要がある。しかしそれはなかなか難しいので、あらかじめ小ネタを用意しておくといい、という話だ。

アメリカ人などは、**会話は人を楽しませるもの**という意識が強いので、パーティーの席でさっと使えるようなパーティー・ジョークをふんだんに用意している。会話に詰まったときには、その引き出しからすっと引っぱり出してきて、場を盛り上げようとする。日本人は、誠意ある対応をしようという意識は強いが、会話で人を楽しませるという感覚が乏しいので、そういう小ネタをストックしようと思わない人が多い。

日本語でも、会話に行き詰まったときにさっと出せる小ネタ的なものをいろいろ用意しておけば、ちょっとした沈黙の間が怖くなくなる。「何を話したらいいかわからない」という対面の恐怖を払拭《ふっしょく》できる。

おもしろいな、これは話題の接《つ》ぎ穂《ほ》として使えそうだな、と感じたことは、メモしておく。ただメモしておくだけだと忘れてしまうので、新鮮なうちに使ってみる。まずは親しい友だちや家族との会話で使ってみて、「ああ、これはけっこうウケる」「こういう話し方をすると、もっといいかもしれない」「これは自分ではいいと思ったけれど、いまいちだな」という感覚をつかむ。**使い慣れしていく。**

芸人やタレントの人たちを見ていると「よくあんなにおもしろい話をいろいろできるなあ」と感心する。彼らの周りでばかり特別おもしろいことが起きているわけではなくて、日ごろからおもしろい話のネタを探し、どんなふうに話したらウケるかということをいろいろ研究して、実際に仲間に話してみたりしているのだと思う。

日々ぼんやり過ごしていて、スポットを浴びるときにパッと話せるわけではない。仕込みを怠らないからできるのだ。

『アメトーーク！』や『人志松本のすべらない話』で披露《ひろう》されるような話も、最初からあんなにおもしろかったのではないかもしれない。おそらく仲間うちで何回も試してみて、どうすればよりおもしろくなるかを考え抜いてたどりついたところを、私たちに見せているのだ。

私たちの日常はバラエティ番組とは違う。どれだけ準備しても、そのおもしろい話がいつどこで使えるかはわからない。「用意したから、今日は絶対にこの話をしてやろう」と勢い込むのではなく、その場その場で自分のストックヤードから適宜《てきぎ》引っぱり出してくるスタンスでいこう。

ノープランとは「準備しない」のではない。**ストックがあるという余裕のうえで、即興力を発揮する**ことだ。

23　失敗談は盛り上がる
――自分を陽気に笑い飛ばせ！

「男三〇歳、妻あり子あり定職なしの状況で、私はいかにあえいだか」といった話をすると、学生はたいへん喜ぶ。

順風満帆にうまくいった話よりも、失敗や挫折の話のほうがみんな興味を持って聞きたがる。ただし、失敗・挫折などの負の経験談は、けっして愚痴っぽく話してはいけない。ジメッとした雰囲気になって、相手もなんといって返したらいいか困ってしまう。**明るくカラリと話すのがポイント**だ。

恥ずかしい話や情けない話は、相手との距離を縮めやすい。普通はあまりしたがらない話を自分にはしてくれたところに親近感を抱く。「じつは私もこんな経験がありまして」と相手もフランクに話しやすくなる。

そこには、**互いに秘密を共有していくような感覚が芽生えてくる。**心情的にも、認識的にも共感・共鳴する状態に入りやすい。

「まったく何やっていたんでしょうねぇ、お互いに。ハハハハ」

打ち解けた話をし合うことで心の垣根が低くなり、気心の通じ合う関係になっていく。

「笑い飛ばし」という技術をものにすると、対面力にかなり柔軟性が出る。

「笑えるからだ」が大事なのは、単に反応のよさや明るいムードのためだけではない。笑えるということは、「その状況や環境、関係性などを受け容れられる」ことであり、「位相《いそう》をずらし、ひっくり返す目を持つ」ことでもある。

自分を否定して負の感情でフタをするのではなく、事実として受けとめ、自己客観視する。そういうスタンスに立てると、人は笑える。

こういう**笑いの技術は、切り替えのエネルギー**になる。

たとえば、期待されていたのに失敗してしまったとき、「あ～あ、失敗しちゃったよ」と苦笑いできる人はそこで気持ちを切り替えて、次に進める。いつまでも悔しがっている人は、ダメだった自分を引きはがすことができず、引きずりやすい。自分のことを陽気に笑い飛ばせるということは、心の余裕を示す一つのバロメーターである。

トラブルが生じたときも、軽く「笑い飛ばし」モードで臨むと、ストレスが減る。

学生が教育実習や就活がらみでちょっとしたトラブルを起こすことがある。大学の職員さんはそれを相談に来るときに、ちょっと憂鬱そうな顔をしてやってくる。

「先生、また厄介なことが……」

そこで、私がしかめ面して対応すると、厄介な問題がいっそう深刻化する。

「やれやれ、また何かやらかしましたか」と笑いながら話を聞こうとすると、相手も心の緊張がほぐれて、「ええ、またやらかしてくれたんです」と苦笑いしながら答える。

お互いに笑い合うことでほぐれる。もちろん楽しくて笑っているわけではなくて、「まいったなあ」という気持ちなのだが、問題を処理して乗り越えなければならない立場の者同士、その「まいったなあ」「やれやれ」という気分を、笑いでほぐすことができる。

事後対応する立場の人間が深刻になって、憂鬱な気分を抱えていても仕方ないわけで、やるべきことは最善の策を考えることだ。一緒に対応しなくてはならない仲間、いわば同志として苦笑し合うことで、トラブル処理というストレスのかかる事態を、明るく乗りきる。すると一件落着したときのすっきり感も大きく、「いやあ、なんとか収まってよかったねぇ」といっそう和やかに笑い合える。

あるいは、場の雰囲気が硬直しているようなときに、ふっと肩の力が抜けるようなことを言って緊張した空気を崩すことができるのも、一種の笑い飛ばしのワザだ。

拍子抜けするようなひと言を投じて、場の空気を入れ替える。うまくみんなが笑ってくれて座が和めばいいが、「すべる」可能性もある。それは小さな賭けだ。自己防衛本能が強くて、「恥を掻《か》いたら嫌だ」という気持ちがある人にはできない。リスク覚悟で「ボケをかます」ことができる人は、対面力上級者といえる。

24　共鳴フレーズを探し出す

学生たちと酒を飲んでいたら、一人が「彼女探しは物件探しと一緒だ」と言いはじめた。別の学生が、同じアルバイト先にいる女の子が気になっていながら、一年半経っても声がかけられない、という話をしていたときのことだ。

不動産物件は、いい条件のものはどんどん決まってしまう。自分の求めている条件に合った物件と出会ったら、すぐに「これだ！」と行動しないといけない。まごまごしていると、「ああ、あの部屋はもう決まってしまいましたよ」ということになる。彼女探しもそれと一緒だ、というわけである。

「いい物件ほど早くなくなるぞ」

「お前、決断が鈍すぎ。物件選びがヘタなんだよ。家もそうだろ、今お前の住んでいるところ、駅からめちゃめちゃ遠いじゃないか」

「彼氏選びも物件探し？」

「同じ、同じ。物件は待ってくれない。出会ったらすぐ動かなきゃ」

と、みんなが「物件」というワードに反応した。

一人が、自分がバイトに入ったその日に辞める女の子がいた、という話をし出した。

「その場でアドレスを聞いて、すぐ連絡取って……それが今の彼女。今の話の流れで言えば、まさに『これが俺の物件だ』って思って、即決勝負に出た」

これにみんなが沸いた。

「おおっ、ほら見ろ。一日で決めるやつもいるんだよ。一年半も声がかけられないって、いったい何日無駄にしてるんだ」

「物件も縁だからね」

その日の飲み会は、「物件探し」の話題ですこぶる盛り上がった。

彼女探しを「物件」にたとえたのは「メタファー」だ。このように、あることを別のものの特徴にたとえて表現する手法をメタファーという。「隠喩《いんゆ》」とも呼ばれる。


キレがあって、みんなが共鳴・共感しやすいフレーズが出てくると、話が盛り上がる

だけでなく、印象にしっかり残りやすい。

　その場にいた人たちは、そのフレーズ誕生の瞬間に居合わせた仲間だ。言葉が新しい意味を生み出すのに立ち会い、一緒に意味を付加していくプロセスを共有している。だから、それはただのおもしろい話ではなく、感覚の共有ワードとなる。

　とりとめのない雑談であっても、そこに**新しい意味が生まれると、有益な会話だったように思える。**

　ツボにはまると、その後も使いたくなる。

「物件探し、その後どう？　進んでいる？」とか、「オレ、最近いい物件見つけたんだよ」などと言い合う。その場にいたからこそ感覚を共有できているわけで、「彼女できた？」と聞くよりも距離が縮まった感じになる。

　メタファーを使った会話には、ひねりがいる。そのひねりは、基本的にユーモアに根ざしているべきだと思う。誰かを傷つけたり貶《おとし》めたりするような表現はよくない。

「彼女のできないやつ」よりは、「物件探しのヘタなやつ」のほうが、言われたほうも傷つかない。

対談で中島みゆきさんと楽しい時間を過ごしたとき、「ああ、今日いろいろ話していて気づいた」とみゆきさんがおっしゃった。

「私のやっていることは寄せ鍋だ。発見だね、これは」

中島みゆきと寄せ鍋という取り合わせを、たいへんおもしろがってくださった。

人と人がかかわり合い、話をするところには、ちょっとしたことでもいいから何か「発見」や「気づき」があるといい。**言葉をやりとりするだけでなく、感覚としての共有要素を見つけていく**。すると、会話はより楽しくなっていく。

25 「相談を持ちかける」ワザ

女性は一般に、相談を持ちかけつつ相手との関係を深めていくことがうまいと思う。男性はこれがあまりうまくない。男性、女性という性差というよりは、自尊心や自意識のバランスが関係しているのかもしれない。

相談を持ちかけるということは、こちらが腹を割って話している状態だ。ふだんは他人に対して自分をオープンにできない人も、相談を持ちかけるときには自分を開くことになる。相手も胸襟《きょうきん》を開いて考えたり答えたりしてくれる。相談事には、「秘密の共有」的な匂いもある。相手との距離が近づきやすい条件が揃っている。

関係がうまくいっていない彼氏のことを相談しているうちに、いつのまにか相談相手を好きになっていたという話があるが、それも道理だ。

相談のマナーとして第一に挙げたいのは、**相手を利用しようとしてはいけない**、ということだ。

私もいろいろな相談を持ちかけられるが、自分で調べればわかるようなことを「相談」と称して聞きにこられるとちょっと辟易《へきえき》する。専門性の高いことをひと言で簡単に教えてくれ、というのも困る。

相手から何か情報を引き出そうとするのは相談ではない。自分では判断がつきかねることを、違う視点から見ることのできる経験豊富な人に聞くのが相談というものだ。

相談マナーのその二は、人生を賭けたような**重く深刻な話は周囲の知人には適当に持ちかけるな、人を選べ**、ということ。

相談に乗るほうも、その人の一生を左右してしまうような重い相談事を投げられたたらしんどい。深刻な問題を解決するためには、弁護士、司法書士、行政書士、臨床心理士など、その道のプロがいる。相談する相手を間違えてはいけない。

三番目は、相談して何か**アドバイスをもらったら、それっきりにしてはいけない、**ということだ。

「こうしたら?」と言ってもらったら、実際にやってみて、レスポンスする。「この間こういうふうに言っていただいてやってみたら、本当によかったです。ありがとうございました」などと、結果報告や感謝の意を伝える。

これができない人も増えている。自分のことで頭がいっぱいなのかもしれないが、そこできちんとレスポンスできるかどうかが、「この人とは今後も付き合っていけそうだ」という判断の要になるから気をつけたい。

相談を持ちかけることに慣れていない人は、まずは自分の対面力についてちょっとした質問を投げかけて、意見を聞いてみるところからやってみたらどうだろう。

「最近、うなずき方とか笑顔を意識しているんですけど、どうでしょう? 以前より反応がよくなりましたかね」

「会議のときの話し方を磨こうと思っているんですが、僕の話し方の欠点はどこでしょうか。自分では『語尾がはっきりしない』という自覚はあるんですが、他にも注意したほうがいいところがあったら教えてください」

具体性の高い問いかけは、相手も答えやすい。

しかもこれをやることのメリットは、自分から聞きに行っている点にある。

「きみは語尾がはっきりしないね。あれでは何言っているのかよくわからないよ」と上司や先輩からいきなり言われると辛いが、自分から気になるところを聞いた場合は、心の準備ができているので、ダメージが少ない。

気になっているところは先手必勝で自分から聞いてみるに限る。

ただしその際は、自分に対して攻撃的でない人を選ぶほうが無難だ。この機にいろいろ言ってやろうというスタンスの人に聞くと、飛んで火に入る夏の虫になりかねない。

26　取材感覚を持って聞く

中高一貫教育の海城《かいじょう》中学校では、社会科の総合学習で、自分でテーマを決めて何かを調べ上げてレポートや論文を書くという授業をやっている。企業や公的機関に自分で取材することが原則になっており、ただ書くことのトレーニングではなく、自分の知りたいことを知るためにはどうすればいいかを、人とかかわりながら実践的に身につけていく。いわば、対面力を養うトレーニングになっている。

目的の取材のためにはどこのどんな部署に問い合わせたらいいのか、どのようにアポイントメントを取ったらいいのか、中学一年生には何もわからない。先生が電話のかけ方や敬語の使い方から丁寧に指導している。

学習経験を積んで、中学三年のときには、四〇〇字詰め原稿用紙三〇～五〇枚の卒業論文をまとめる。その論文集を見せていただいたのだが、註や参考文献もつけたしっかりした論文は、どれも大学生が書くようなレベルの高さだった。「何を、誰に、取材したのか」が重視されているので、どこかからコピー&ペーストしてくるようなことは一切ないという。

目的を持って人と会い、自分が求めている情報を的確に相手から引き出す——、これは「取材力」だ。

ふだんの生活の中で人と会って話をすることを、相手から何か新しい情報を引き出す機会と考えて「取材感覚」を持って接すると、なんとなく顔を合わせていて、なんとなく話している、ということがなくなる。質問の仕方も変わる。聞き方の精度が増す。

取材においてピンポイントで精度の高い質問とは、ただ「これについてどうなんですか」と一本調子に聞くことではない。**どう聞けば、相手がそれについて話しやすくなるか、気持ちよく話せるかを考える。**それこそが取材力だ。

たとえば、気になる女性がいるとする。今、付き合っている人はいるのだろうか、アプローチのチャンスが自分にもあるだろうか、そのあたりを知りたい。親しくもないのに、いきなり「今、彼氏いるの？」と聞かれたら、女性は引くだろう。それよりは、休日は何をしているかといったことを聞く中で「ふーん、それ家族と行ったの？」「遊ぶときは、やっぱり大学時代の友人とが多い？」「一人暮らしで部屋にいると、淋しくない？」などと少しずつ水を向ければ、自然に彼氏がいるかどうかの話に持っていくことができるだろう。

短い時間の中でこれまで知らなかったことをいくつか知ることができたとなると、少なくとも情報レベルで引き出すものがあったということになる。情報よりもうちょっと深い心情的な部分の話が引き出せれば、さらにいい。

さらに、取材感覚のいいところは、**主観的な自分というものから少し距離を置いて、客観性を持ったスタンスで話がしやすくなる**点だ。

病院に行くことは、病気を診てもらう、治してもらうという受け身の姿勢になりがちだが、「医師から情報を得る取材なのだ」と考えると、病気のことや薬のことについて積極的に話を聞きたくなる。

「今日はこれを聞けてよかった」というものがあると、人と会って話をすることがどんどん楽しくなる。

自分が取材される側の立場だったらどんなふうに話すか、を考えてみるのもいい。

無口といわれている人も、質問の仕方によっては口が滑らかになることもある。「今日はふだん話せないことを話せた」と相手に思わせることができたら、そのインタビューは成功だ。相手も会話を楽しめて有意義な時間が過ごせたということだ。

立食パーティーなども、目的を持って出かけるといい。「今日は何人の人と話をしてみよう」「今日はこういう人たちの集まりだから、これについて聞いてみよう」とテーマを持っていく。

取材感覚を持つことは、自分を外に開きやすくする方法の一つなのである。

27　相手の本音を引き出したかったら

少し踏み込んで相手から何かを引き出したいときにはどうすればいいか。

それには**「呼び水作戦」**がある。まず自分のほうからさらけ出す。

たとえば買い物で自分が失敗した話をして、「ひどい目に遭ったこと、ありません？」と聞くと、「ありますよ、こんなことが……」と答えやすい。

失敗談は共感を生みやすいものだが、うまくいった話も「呼び水」になる。自慢話は鼻につくから嫌だという人でも、相手が「私はこんなことでほめられてうれしかった。あなたも、そういう体験はありませんか」と聞かれれば、話しやすくなる。

「ああ、この話、初めて人にした」という話のできる相手は、話しやすい人、話していて気持ちのいい人ということになる。

ときには、ちょっとしつこく聞くことがいい場合もある。

知り合いの男女を引き合わせ、出会いのセッティングをしたことがある。そのあとで相手に対する印象を聞いた。

「そうですね、ちょっと立派すぎて私にはもったいないです」

あまり脈はなさそうだ。断りたがっているのがわかる。しかし相手を傷つけないため、間に立った私の立場もおもんぱかってくれて、婉曲表現をしていることがわかる。

仲介者としては、今後の参考のためにも本当の理由を聞いておきたい。

「立派すぎて付き合えないというのもおかしいよ。本当はどこが気になるの？」

二回聞いても答えてくれない。それでも三回目に聞くと、「じつは……」と初めて本音を言ってくれた。

「仕事に対する姿勢というか向き合い方が、自分としてはちょっと理解できなくて、不安な感じがした」

生きる姿勢の違い、価値観の違いを感じたというのは、立派な理由だ。私は納得して、それをオブラートに包んで相手に伝えた。

言いにくいことは、三度くらい聞かれないとなかなか言えないものなのだ。

仕事上でいろいろなものを抱え込んで、会社を辞めたくなるくらい悩む人がいる。「大丈夫か?」と一度聞かれた程度だと、たいていの人は「大丈夫です」と答える。しかし、様子を見ていて二度、三度、聞き方を変えながら聞くと、「これこれで困っています」と話す。

「大学受験なんかしない、自分は勉強は嫌いなんだ」の一点張りだった少年が、じつは家の経済状況を気にしていた、ということもある。それも、何度も話をして聞いているうちにわかってくることだ。

人は一度で本音を話さない。一回聞いて相手の気持ちがわかった気になっていたのでは、底が浅い。

とはいえ、テレビドラマに出てくるような自白を強要する刑事ではないのだから、強圧的に質問攻めにするのは禁物である。

ポイントは、向かい合って質問して何かを聞き出すというより、**相手と並走する、伴走する感じ**だ。

臨床心理学者の故河合隼雄《かわいはやお》先生は、相手の話を「聴く」とは言葉を受けとめることが大事で、実際には内容を肯定しようと否定しようと、言葉を受けとめてもらったという気持ちが相手に湧くようであればそれでいい、ということをおっしゃっていた。

相手の言った言葉だけをとらえるのではなく、とにかく受け容れる。

河合先生は、関西弁の柔らかなトーンで、ジョークも入れて、難しい言葉を使わないのに深い、深い洞察力があるのに軽やか、人の心をほぐされる達人であった。カウンセリングでは、川の上のほうからものを言うのではなくて、川下で待ち構えていて受ける、つねに「川下で話を聞く」ことが大事だというポリシーをお持ちだった。

無理に何かを促そうとしないことで、ほぐされた心が自然にオープンになりやすい、これは「傾聴《けいちょう》」の手法だ。

何も言わず、黙ってからだでうなずいたり、からだで笑ったりして「受け」ているだけで、相手が話しやすくなることもある。まさに伴走者だ。

28　求められるのは「バランス感覚」

面接で自己ＰＲをするとき、アイディアをどんどん出して新しいことにチャレンジすることを得意とする人は、自分がいかにアグレッシブに攻めていけるかを言いたがる。一方、事務手続き系をきちんと処理していくことが得意な人は、守りの手堅さを主張する。

だが、それは有効な自己ＰＲになっているとは言いがたい。

今の世の中で求められているのは、振り幅の大きい、一見対照的に見えることに対して、そのいずれに対しても配慮のできる視野の広さであり、柔軟性だ。

攻めが得意な人は、放っておいても攻めの力を伸ばそうとする。むしろ、そういう人にどう守りの能力を身につけさせるのかが難しい。採用担当者が見たいのは、**得意ではない部分についてどんな意識を持っているか、バランス感覚があるかどうか**、なのだ。

「自分は攻撃型の人間ですが、こう見えて地道なことも一生懸命やれます」

「几帳面にコツコツ積み重ねていくことには自信があります。そのうえで、果敢にチャレンジするセンスも身につけたいと思って、今こんな努力をしています」

こんな具合に、自分がどちらか一辺倒の人間ではなくて、守りと攻めの両方のバランス感覚を兼ね備えていることを伝える必要がある。

自分のセールスポイントだけを自信満々に強調するのでなく、それに加えて、**「○○もできる」ところこそ、アピールしなければならない。**

守備的な面と攻撃的な面を共に高めることは、矛盾することではない。ところが、たいていの人は、自分が得意でやれることや、やりたいことばかりを強調する。それでは「好きなことをやりたいだけの人だな」「自分のできることしかやらない人だな」と思われてしまう。

自分の長所にこだわるのではなくて、それとは逆だととらえられがちなところへの配慮が必要なのだ。

じつはこのバランス感覚は、就活、採用の面接だけの問題ではない。あらゆる人間関係の場で、必要とされる。長く付き合っていきたいと思う人の条件の一つでもある。たとえば、よくしゃべる人を「話し上手」と感じるか、「うるさい人だなあ」と感じるかは、相手への配慮のある話し方かどうかにある。いろいろな情報を教えてくれたり、おもしろい話をしてくれたりするのか。そうではなくて自分の話ばかりしたがるのか。よくしゃべるけれど、**押し付けがましさがない人には好感を抱く**。「ああ、バランス感覚を持った人だな、今後も付き合っていきたいな」と思う。

今の女性は、結婚相手にも家事や育児を手伝ってほしいと望んでいる。仕事一辺倒で家庭を一切顧みない人は困る。かといって、「では僕が専業主夫をやるよ、きみが働いて稼いできて」と言う男性を受け容れられるか。ほとんどの女性が、それも望んではいない。「僕も忙しいけれど、できるだけ手伝うよ」というバランス感覚を求めているのだ。

29　小さくほめる、たくさんほめる、伝聞でほめる、モーションでほめる

世の中が一段と「賞賛」「喝采《かっさい》」を求めるようになったと思う。

ほめられてうれしくない人はいない。日本人は、照れてしまって素直に喜べない人や、謙遜《けんそん》して「いやいや私なんか」と言う人が多いが、そんな人たちも心中では嫌な気分はしていない。

人にはみな、承認欲求がある。

何かの形で認められたい、ほめられたい。

そこに注目して、人を伸ばすにも、人間関係を円滑にするにも、ほめることの効果が叫ばれるようになり、ずいぶん浸透してきた。

ほめることは、世の中を明るく活性化していくために大事なエネルギーの一つだ。

ネガティブな評価が発奮《はっぷん》を促すこともあるが、多くの場合は、事態を停滞させたり、人の気持ちを冷やしてしまったりする。**ほめることは人を温める。ほめられた人の気持ちを温め、ほめた人とほめられた人との関係も温まる。**

人のいいところをさっと見つけてほめる習慣がついたら、その人は相当の対面力上級者といえる。

大げさなほめ方は、日本人にはあまりなじまないと思う。イタリア人男性が女性に向かって言う「あなたはなんて美しいんだ！」というようなほめ言葉を日本人男性が頻繁に言おうとしても、それはやっぱり無理がある。

むしろ、**ちょっとした特徴をつかんで、さらりとほめる**ほうが自然だ。

たとえば、「その服の色、とても似合っていますね」とか「指が長くてきれいですね」とか「いつもレスポンスが速いね」と、いいところをピンポイントでほめる。いいところに目を向けて、そこを祝福するイメージだ。

ほめで大事なのは数多くやることだ。シャワーのようにたくさん浴びせ続ける。

「ほめ言葉を溜めていく」ことで自己肯定感を育む指導をしている小学校の先生がい

る。福井県の岩堀美雪《いわほりみゆき》先生だ。

岩堀さんは、とにかく子どもたちをよくほめるようにしているそうだ。子ども同士も互いにほめる言葉をいろいろ書き合う。一人ひとりにファイルを用意して、それぞれが自分へのほめ言葉を溜めていく。「ポートフォリオ」という言い方をされていたが、要するにほめ言葉を宝物ファイルに溜めていくのだ（『ポートフォリオで「できる自分」になる！』サンマーク出版）。

これを続けていると、承認欲求が充たされ、自己肯定感がつき、自分に自信がついていく。

学級崩壊状態の立て直しで有名な福岡県の小学校教師の菊池省三《しょうぞう》先生は、『小学校発！　一人ひとりが輝くほめ言葉のシャワー』（日本標準）という著書で、ほめ言葉の実践とその威力を紹介されている。照れずに、しっかりほめ言葉を友だちに贈ることで、クラスの雰囲気がぐっとよくなる。

そうしていくことで、ほめてもらうことも気持ちがいいことだが、人をほめることもとても気持ちのいいことだということに気づくようになっていく。

この方法は、私たちも手軽に真似できる。

面と向かって相手をほめることに慣れていない人は、**伝聞のほめ情報**に助けてもらう手もある。

「あなたについて、誰々さんがこうほめていましたよ」「こんな評判を聞きましたよ」といったことを伝える。

普通に考えると、伝聞情報というのは信憑性が低いものなのだが、**ほめ情報の場合は、伝聞であることでかえってリアリティが出る。**

当事者がいないところで話されたことなので、相手を気遣ってお世辞を言ったのではないからだ。その客観性があるぶん、言われたほうも「ああ、そうですか」と素直に受け取ることができる。

他の人が言っていたことを第三者として伝えているだけなので、伝える人は気恥ずかしくなく言える。「いい情報だから、伝えたくて」という気持ちの現れなので、伝えた人、ほめた人、ほめられた人相互の関係性が悪化することもない。いい人間関係のトライアングルができる。

評判のよくないことをいちいち伝える人がいるが、それを伝えても誰にも何のメリットもない。知らなくて済むことを聞かされることになる相手の心境への思いやりが足りない。

言葉ではなく、モーションで賛辞や共感の気持ちを表現する方法もある。

いいアイディアだと思ったらパチパチと拍手する。「やったね」という高揚感を、サムズアップ（グーの手の親指を立てるポーズ）やハイタッチで伝え合う。共感、感謝、ねぎらいの気持ちをこめて握手をする。

ほめベタな人は、まずこのあたりを日常的に習慣にして、ほめモードに入りやすいからだにしていくことがお勧めだ。

30 「ネガポ」変換思考のクセをつける

ほめ上手のポイントは、発想の転換にある。**違う視点から見たらどうなのか、言われる相手の立場になったらどうなのか、そこに思いをめぐらす**ことが大事だ。

私は四人ひと組になってそれぞれが意見発表をし、互いに評価し合うというレッスンを授業でよくやっているが、あるとき、「ネガティブな評価をする一分間」を設けてみたことがある。言われる側は、反論や言い訳をしてはいけない、素直に受けとめる、とルールを決めた。

そのあと、二分間ポジティブな評価をしてもらう。

ネガティブな評価を浴びせられるのはきつい。グサッとくる部分もあれば、「そんなつもりは全然ないのに、そう取られてしまうのか、心外だ」という部分もある。

だが、**そのあとにポジティブ評価のシャワーを浴びると、評価というものの多面性が**

わかってくる。

「テンポが遅い」は「慎重で落ち着いていた」になる。「軽すぎる」は「明るい」「とっつきやすい」「親近感が持てる」になる。きつい指摘をされたことも、裏を返せばほめる要素になることを知ることで、ネガティブな指摘にひどく落ち込む必要もなければ、ほめ言葉に浮かれるべきではないことも、リアルにわかってくる。

学生は、「これはメンタルトレーニングとしてもいいと思います。必ずあとでほめてほしい。順番が逆だと、モヤモヤした気分を引きずりそうです」と言っていた。どういう表現をされると自分はうれしいかを実感すると、人をほめる際のボキャブラリーも豊かになる。

長所・短所は裏返し、**言葉を換えればほめようはいくらでもある。**

ネガティブワードをポジティブに言い換える『ネガポ辞典』（ネガポ辞典制作委員会　主婦の友社）という本がある。スマホのアプリにもなっているらしい。これを考えついたのは、当時女子高生だった二人の女性だ。六百以上の言葉を、ネガティブからポジティブへと言い換えて載せている。数量に挑戦したところが素晴らしいと思う。

これを二つ、三つ見て「ああ、わかる」と思うのではなく、たくさんの事例を読む。シャワーを浴びるようにたくさんの例に接していると、そのうちに、**ネガ表現からポジ表現へと変換する思考のクセ**のようなものが伝播してくる。

そこまでいくと、自分の状況を「これは、こう言い替えられる」と考えられるようになる。

「おもしろい」と思ってただそれを覚えようとしただけでは、いざ使いたいときにさっと記憶の引き出しから出てこない。

どんなふうに発想を切り替えるか、その思考パターンを会得することで「ネガポ」変換の思考のコツをからだに叩き込んでしまうことこそが大事なのだ。

31　対面とは「交換」である

イギリスの科学ジャーナリスト、マット・リドレー氏は、著書『繁栄――明日を切り拓くための人類10万年史』（大田直子・鍛原多恵子・柴田裕之訳　早川書房）で、現世人類ホモ＝サピエンス繁栄の謎を考察している。

他にも知恵を持つ人類が生息していたのに、なぜヒトだけが生き延びることができたのか。それは「交換」という概念を持つからだ、と言っている。

たとえば、ネアンデルタール人も旧石器を使っていたことがわかっている。脳の大きさでいうと、後期ネアンデルタール人の脳は私たちよりも大きかったらしい。しかし、彼らは急速な文化的変化を経験することなく、滅んでしまった。ネアンデルタール人は、**自分たちの住んでいる地域で手に入るものだけを使って生活していたため、種の拡大のために発展を遂《と》げることができなかった**のだ。

片やホモ＝サピエンスの場合は、自分たちの地域で採取できないものを手に入れる術《すべ》を持っていた。たとえば、黒曜石の採れない土地に生息していた人たちが、黒曜石の鏃《やじり》を使っていたことが判明している。何かと黒曜石とを「交換」していた。黒曜石が採掘できるエリア分布を調べることで、実際にどの土地との間に交流があったかがわかるそうだ。

ヒトは、交換に交換を重ね、取引し、分業することを発見し、飛躍的な発展を遂げることができた。リドレー氏はこの交換の概念を「アイデアの生殖《セックス》」というフレーズでとらえている。アイディアによって異なるものが結びつけられ、新しいものが生まれる。現在の文明はそうやって高度な発達を遂げたのであり、私たちが今日このような繁栄をしているのは、交換する能力を持っていたからだという考え方である。

私たちヒトは、大の「交換したがり」なのだ。

そして交換の価値は、自分は持っていないけれど他者は持っているものを取り入れて、**自分の持っているものだけでは成し得ないプラスの効果を生み出していく**ところにある。

ネット上で「いいね、いいね」というのは同調だ。交換ではない。同質のものをやりとりしていてもそこに新たな価値は生まれない。**異質のものを交換するから、変化が起きる。**進化が起きる。交換の意味やおもしろみは、異種混合、異なるものと交わっていくことだ。

「ネットわらしべ長者」として話題になった男性がいた。彼はネットの物々交換サイトに赤いペーパークリップを一つ出品し、ひたすら交換を繰り返して一年後に家を手に入れた。その経緯は『赤いクリップで家を手に入れた男――ネット版わらしべ長者ものがたり』（カイル・マクドナルド　西山佑訳　河出書房新社）という本にもなった。

赤いペーパークリップは、発電機やスノーモービルや車に代わり、ハリウッド映画に出演できる権利といった無形のものとの交換もありながら、一軒の家に代わっていった。

この話がおもしろいのは、彼がただじっと家にいてネット上でやりとりをしていたわけではないところだ。交換する品が使い物になるかどうかを確かめるために、交換を申し出てくれた人に実際に会いに行き、リアルな世界での交流をどんどん広げていくのだ。その過程での人的交流や、メディアに紹介され、本にもなって、世界の人々から関心を持たれる存在になったことは、家をゲットしたこと以上の大きな財産といえそうだ。

未知の人とどれだけ交われるか。

どれだけ交換できる人生にするか。

新たな出会いには、ワクワクする楽しさもあるが、ときにはちょっとがっかりするようなこともある。だが、それこそが異種との遭遇だ。異なる者と交換できることは価値のあることだと考えて、その事実を受けとめればいい。落ち込んでそこでやめてしまったら、自分の世界の広がりもストップしてしまう。長い目で見て自分自身に得になるのはどっちかと考え、タフに構えよう。

それができないままだと、脳が大きくても交換を知らなかったネアンデルタール人のように滅んでしまいかねない。

第四章

「つながる」「広げる」対面力の磨き方

――もっと対面を楽しもう

32　三回目には快感になる！

何でも「すぐに結果が出る」ことが求められている時代だ。ダイエットにしても、勉強法にしても、手軽なやり方で効果が出るというふれこみの広告があふれかえっている。それで効果が出るのならば一番いいが、やはり続かないことが多いのではないか。

継続させるために一番肝心なのは、それをやる「**快感に目覚める**」ことだ。やっていて苦痛を感じることはやっぱり長続きしない。「これをやるのは楽しい」とか「効果がはっきりわかるのがうれしい」といった快感があれば、なんでも続けられる。

ただし、一回だけで気持ちよく感じられることはまれだ。

新しい場所に行ったとき、この場所は空気が合わないと感じると、すぐに避けてしまう人がいる。中学校の部活などでも、きつい練習を乗り越えてだんだん慣れていく人と、数回部活に出ただけで、もう来なくなってしまう人がいる。本当は二か月くらい経ってくると、「ああなるほど、こんなもんか」「ここは手を抜いてしまってもいいな」「こういうふうに先輩にものを言えば、大丈夫だな」という感覚がわかってくるのだが、その前に無理だとあきらめてしまいがちだ。

人との出会いも同じで、第一印象で「この人は苦手だな」と感じても、二回、三回と会ってみることは大事だ。

初対面の印象はあまりよくなかったけれど、二度目、三度目のデートで「へえ、こういう面があるんだ」「意外といいかもしれない」と思って付き合うようになることはよくある。仲のいい夫婦でも、「出会いのときの印象は最悪だったんですけどね」という話を聞くことは多い。

仕事でも、いろいろ行き違いがあって「この人とはもう一緒に仕事をすることはないだろうな」と思っていた相手と、意外にも長い付き合いになることがある。行き違いを繰り返す中で、互いの距離感がつかめて、案外やりやすくなるのだ。

どんなことも三回やってみる。**気になる人とは、三回は会ってみる。**

一回目ですぐ「合わない」と判断してしまうと、自分と合う相手、これまで付き合ったことがあるタイプの人しか選ばなくなってしまう。**自分とは違う個性を持った人、刺激を与えてくれそうな人のほうが、自分の可能性を広げてくれる。**

新しく知り合った人に対しては、自分に「刺激を与えてくれるか」「安心感・安定感を与えてくれるか」のふたつを軸に判断するとよい。

刺激は少ないけれど、気楽に、無理をせず付き合っていける人は、リラックスした人間関係のために大事な存在だ。

しかし、一緒にいると刺激的な人もまた大事だ。この人と一緒にいると、何を言い出すかわからない、自分には想像できないことを言ったりやったりするという人は、自分にはない感覚で触発してくれる人なのだ。

不良っぽい人が女の子にモテるのは、「安定感はないけれど刺激がものすごくある」危険な魅力に惹きつけられるのだと思う。

自分が揺さぶられるような感覚が、自分を広げるきっかけになる。

ときには、会えば会うほど反りが合わないと感じる相手もいる。

三回会っても「やっぱりこの人とはダメだ」と思うときは、あきらめてしまっていいと思う。そのときは無理することはない。「縁がなかった」と思うことだ。

私の友人に、とっつきにくいと思われがちな男がいる。彼は、初対面でぶっきらぼうな印象を与えてしまいがちなので、女の人と初回のデートを設定しても、なかなか次がない。つい皮肉を言ったり、無愛想なときがあるので、誤解されてしまうのだ。しかし、その個性のアクのようなものも、裏返せばうそのない性格だからこその行動なのだ。内側に入り込んでみると、それがよくわかる。実際にはいいやつなのに、女性との出会いにおいてはずっと損をしていた。

ところが、最初の出会いで彼の本質を見抜いてくれた女性がいた。彼はその女性と結婚して幸せに暮らしている。

人のクセを受け入れられない部分と判断するよりも、その**クセがあるからこそその人の味がある**、と考えたほうが、いろいろな人と柔軟に付き合っていけるだろう。

33　触発のワクワク感からすべてが始まる

対談などで、企業のトップの方々とお会いする機会があるが、みなさんじつに対面力が高い。キャリアの階段を上がっていくにつれて、仕事はますます対面力がなくては務まらなくなっていくし、さまざまな苦労をすることでどんどん対面力が磨かれていったということもあるだろう。いずれにせよ、会社では、対面力があるかないかで、上のポストに就くことができるかどうかが決まる。

一流のアスリートたちも、総じて対面力がある。対面力は、成功者の必須条件なのではないかと思うほどだ。

フリーランスで華々しい活躍をしているデザイナーやＣＭプランナーなども、対面力が高い人が多い。クライアントは自社の商品やイメージ戦略を任せ、そのために多額の資金を投じるわけだから、気に入らないプランは即却下するし、ムチャな要求もしてくる。その中でいかに相手の要望に応えつつ、斬新な提案をするか。その高いハードルを一つひとつ乗り越える経験が、次のオファー、次の成功につながっていく。

日本を代表するデザイナーの、佐藤可士和《かしわ》さんと対談する機会があった。

可士和さんは、最初に必ずクライアントと会い、入念なヒアリングをするという。相手が本当に要求したいのはどのポイントなのか、どうなるのがゴールと思っているのか、相手が言語化していない部分を丁寧に聞き出していくそうだ。

そこで的確に相手の求めているものを察知して「それはこういうことですね」と言えるから、相手から信頼されて仕事が任せられるのだと思う。相手は、自分が漠然としたイメージで伝えたことも的確に把握してくれることに安心感を得ると同時に、クリエイティブなトークの中で「**触発し、触発される快感**」を味わっているはずだ。

ユニクロの柳井《やない》正《ただし》社長と初めて1対1で会ったときに、可士和さんは「ニューヨークに店を出すので、会社のコンセプトを相談したい」と言われ、その場で「全部任せます」と言われたという。

初対面の一時間くらいの間に、きわめて本質的で重要なことがぽんぽんと決まったのは、そこに月並みではない「触発」の喜びが多々あり、たちまち意気投合できたからだろう。この**触発の快感こそが、新しい価値が生まれるスタート地点**なのだ。

デザイナーとしての優れた能力や知識、経験があることはいうまでもないが、可士和さんはそれに加えて、仕事をしていく中で、高い対面力を身につけたからこそ、一流の仕事、大きなプロジェクトが次々任されるのだ。仮に可士和さんと同程度のデザイン能力を持っている人がいたとしても、対面力が低ければ、同等の活躍をすることは難しいだろう。**相手を触発する力、相手の懐に入る力が、一流を作る。**

「そんなクリエイティブなことは自分にはできないよ」と悲観する必要はない。大きな仕事を成功させたり、何かを成し遂げることは、もちろん、いきなりはできないが、**小さな触発のワクワク感を積み重ねることで、対面力をどんどん向上させていくイメージを作ろう。**

会話の中で、適切なパスが出せた。お互いに笑顔が引き出せた。最初はそれで十分だ。人に会い、少しずつそんな「快感」を作っていく。その積み重ねが、対面力、仕事力の成長の確実なステップになる。

34　「寡黙」なことはマイナス要因ではない

「話しベタなんです」「人見知りで……」「自分から積極的に話をできる性格じゃないんです」と言う人がいるが、じつは、対面やコミュニケーションにおいて、口数が少ないことはそれほど重要なことではない。

寡黙《かもく》でも、鋭い意見を要所要所で短く挟む人は、相手の信頼を得る。人見知りでも、相手に気に入られやすくて友人がたくさんいる、という人もいる。自分からはほとんどしゃべらないのに、なぜかその人といると大事なことをいろいろ話してしまいたくなるタイプの人もいる。

相手が「話しにくいな」と感じるのは、寡黙な点ではなく、むしろ「この人、私の言うことをちゃんと聞いていないんじゃないかな?」と思わせてしまう部分だ。相手の話を一生懸命聞く姿勢を持ち、いい反応を示してくれる人はとても話しやすい。

調子のいいことばかり並べたてる人、自分のことばかり一方的にしゃべる人、饒舌《じょうぜつ》すぎてかえって信憑性が感じられない人もいる。それに比べると、**寡黙な人は「誠実な聞き手」**である。寡黙なことで苦手意識を持つ必要はない。「あなたという新しい世界に触れる楽しさを感じていますよ」と伝えることができれば、相手は自然とあなたの虜《とりこ》になってくれる。

「本当の自分はこうじゃないのに……」「言いたいことがうまく伝わらない」という人の場合、対面状況がうまくいかない本当の原因は、そこにはない。

相手は「自分の話を聞いてくれているか」を見ている。聞く姿勢において、何かが足りないのではないか、と考えてみたほうがいい。自分の心の中に、相手を受け容れようとしないものがあるのではないか。

エッセイスト・漫画家の辛酸《しんさん》なめ子さんは、「対面は、緊張してしまうので全然ダメ、苦手なんです」とおっしゃっていた。彼女は、たしかに能弁なタイプではないかもしれないが、私は気持ちよく話をすることができた。そのときに、わざわざ「これは私の描いた絵です」と小さい作品を手渡してくれて、そのちょっとした気遣いに、より好感度が上がった。

『偏愛マップ』という本を文庫化した際に、解説をお願いしたところ、丁寧に自分の偏愛マップまでつけて書いてくれた。やっぱり真摯な方だ、熱心に仕事をする方だという印象を持った。そういった誠実な姿勢は、彼女の対面力の持ち味だと感じた。

私は『週刊文春』でなめ子さんが連載しているコラムを拝読しているが、毎週、ちょっと風変わりなスポットに潜入しては、その世界のマニアックさを冷静に観察して描き出していておもしろい。

普通の人ならちょっとビビりそうな場でも、淡々と受け容れてしまっているところがすごいと思う。自分の殻に閉じこもって外の世界を排除している人には、ああいった潜入取材はできないだろう。どんな場でも拒まない姿勢があるから、できるのだ。

寡黙だったり、シャイだったり、会話がうまくできなかったりして、自信がなくても、対面力は持てる。自分は人に対して何ができるか。その延長線上で、自分を磨いていくことが独自の対面力になっていく。臆《おく》さずチャレンジしていこう。

35　当たり前のことを当たり前にする大切さ

遠州茶道宗家十三世家元・小堀宗実《こぼりそうじつ》さんの著書（『茶の湯の不思議』ＮＨＫ出版　生活人新書）で、お茶の世界で「茶聖」と崇《あが》められる千利休のエピソードが紹介されていた。

千利休は、ある人から茶の湯の極意を尋ねられたとき、

一、花は野にあるように
一、炭は湯のわくように
一、夏は涼しく
一、冬はあたたかに
一、刻限は早めに
一、天気にても雨の用意
一、相客《あいきゃく》に心をつけ候事

と答えた。「それなら、誰でも知っていることです」と返されると、利休は「このことがすべてできれば、自分があなたの弟子になりましょう」と答えたという。

その道の達人は、もっとも基礎的なところを完璧にしているという例である。

「1対1」の人間関係では、編集者と著者の関係がおもしろい。

作家の山田ズーニーさんは、最初の著書『あなたの話はなぜ「通じない」のか』がベストセラーになったあと、四五〜四七社から執筆の依頼が殺到したという。その際、とくに印象に残った編集者について語っていた（『編集者の教室』元木昌彦編　徳間書店）。

「『あなたの話は〜』が、世の中に出て、そこで一、二を争うくらいに早い段階で、コンタクトを取ってきた（中略）。彼はまず、すごく素晴らしい文章をメールで送ってきてくださった。そして、しばらくおいて、絶妙のタイミングで電話がかかってきて、電話で話をした後に、受話器を置いて、ポストに行ったら、今度はフォローの葉書が届いていた。それくらい著者を大事にする編集者は、やっぱり素晴らしいと思います」

私もいろんな編集者の人と仕事をするが、山田さんの意見に賛成だ。「ここまででいいかな」と抑え気味の人と、「どうしてもあなたの本を成功させたい」と粘ってくる人と、どちらと一緒に仕事がしたいか、どちらのほうがいい仕事になりそうか、ということはすぐわかる。

「メールよりも電話」「フォローの連絡を忘れない」「決断は早いほうがいい」ということの**大切さはわかっていても、それを実行している人は少ない。**

「当たり前のことだよ」「自分は礼儀作法はもうバッチリ身についている」と思って、いちばん基本の心遣いを疎《おろそ》かにしていないか。

仕事に慣れてきたとき、人間関係に新鮮さを失いかけたとき、チェックしてほしい。

36 「経験値の高い人」にこそ会いに行く

今の子どもたちは「知らない人に声をかけられても、ついていってはいけない」と教え込まれている。知らない大人は怖いという先入観を刷り込まれ、知らない人に声をかけられるとビクッとして身構えてしまう子もいる。

そうやって知っている人とだけ、親しい人とだけ交流することがいいことのように思って育ってしまうと、新しい出会いや人との対面が怖くなったり疲れたりするのも無理からぬ話だ。

もちろん誘拐は心配だから注意しておくのは当然だが、「人慣れ」していないのも心配だ。いろいろな人と出会って、対面力を鍛え伸ばす必要もある。その人が大丈夫な人なのか、ちょっとヘンな人なのかは、人とたくさん接することで感覚的につかんでいくものだ。

そういう環境下で育つようになったからこそ、今は社会に出る前のタイミングで、「知らない人との対面は苦手」という心の垣根を取り除くことが必要になっていると思う。

同種、同族の仲間とはうまくコミュニケーションが取れても、**年齢や立場、考え方、感じ方の異なる人とかかわっていく**ことができるかどうか。

数年前のことだが、学生課から要注意人物と目をつけられている女子学生がいた。手続き事項にいろいろ抜けがある。成績もあまり芳《かんば》しくない。致命的なことはないのだが、小さい問題をよく起こす。

ところが、彼女には抜群の対面力があった。愛想がいい。ミスがあっても憎めないところがある。しかも年輩の人に強かった。じじ殺し的なパワーでみんなに気に入られて、相手にすっと入り込む。

彼女が教育実習に行った。先方で何か失敗をしないかと学生課ではちょっとはらはらしていたらしいが、無事に終えて帰ってきた。聞けば、「最初に教頭先生とコミュニケーションを取っておいたので、いろいろ動きやすかったです」とサラリと言う。

学生らしからぬ根回し力だ。

その対面力を武器に就活に臨むと、「内定の女王」と呼ばれるほどの結果だった。

結局、一般企業に就職したが、半年後には秘書室に配属されて社長秘書になっていた。多少のミスはあっても、それを凌《しの》ぐ対面力が評価されて、重要なポストに引き上げられたのだ。

こういうのも実力だ。「世渡り力」とも「かわいがられ力」とも言えるだろう。

普通の学生は、世代の違う人、社会的な立場の高い人と接する機会を自ら作っているかというと、そんな緊張を強いられることは願い下げだという人が圧倒的に多い。教育実習先の教頭先生や校長先生と積極的にコンタクトを取ろうとする人はめったにいない。

しかし彼女は、「同年代の学生たちと話すよりは、社会経験の豊富な大人の人と付き合うほうが楽しい」と言って、意図的にそういう接触の機会を増やしていた。

一流の人と同席すると、そのパワーに触発され鍛えられる。それが楽しいと言う。そうした日常が積み重なっていくと、緊張しない友人としかコミュニケーションしていない学生とは、経験知の量が雲泥の差になってくる。

「そんな一流の人と会っても、何を話せばいいいんだろう?」となってしまう人は、あまり伸びがない。

物怖じしない、誰とでも大丈夫な対面力は、人生を切り開く力になる。

若い人は、**積極的に「自分よりはるかに経験が豊富な年上の人」に会いにいってみよう。**引き上げてもらえるチャンスも多くなる。経験のある人、その道の有力者と一緒の状況でも大丈夫になれば、怖いものはなくなる。

そこに、特別な才能は必要ないのだ。

37　自意識は脇に置け！

知り合いの編集者から聞いた話だが、とある編集プロダクションに、東大卒の新人が入社してきたという。

どんなに優秀な人が来るのだろうと期待されていたが、その新入社員は、オフィスから、会ったことがない相手に電話ができなかったそうだ。彼に電話をしてもらうためには、まず最初に、誰かが相手先のところまで連れて行って、紹介してあげないといけない。どんなに優秀でも、それでは仕事にならないだろう。

今の若者にとって、電話で話す相手は知り合いばかりだ。携帯電話では登録した相手は名前で表示される。知らない番号からかかってきたら出ないし、自分も知らない人にかけることがないという。家に固定電話がない人も多く、面識のない相手と話すような機会がほとんどない。

それで、会ったことがないと電話ができないとか、どこの誰からかかってくるかわからない会社の電話が取れない、といった人が出没するようになった。

経験のないことに対する過剰な怖れ、自己防衛意識が過敏になりすぎている。恥を掻くことや自分が傷つけられる怖れのあることは避けたい、と自分を護りたい気持ちが強すぎるのだ。


自意識が肥大しすぎると、からだがすくんで反応できなくなる。


件《くだん》の東大卒の社員は、半年経っても電話ができるようにならなかったという。だが本人は、「自分は仕事はできる。ただ、知らない人と電話で話せないだけだ」と言ったそうだ。だが、知らないから話せないなどと言っていたら、どんな仕事もできない。これは社会人としては致命的な問題だ。

自意識から自分を解放するにはどうしたらいいか。

一つには、**「自分」にとらわれている気持ちをひとまず脇に置く**ことだ。これは自分に課された「役割」であって、自分という「人格」とは関係ないと考える。役割としてやっていることだから、相手から冷たくあしらわれようと、自分の人格やプライドが傷つけられたり否定されたりするものではない、そう切り離してとらえる。

たとえば、街頭で知らない人に声をかけて、美容院のカットモデルの勧誘をするアルバイトをすることになったとしよう。

自意識が働きすぎると、「怪しい勧誘のように思われたらイヤだ」「恥ずかしい」「冷たく断られたら傷つく」といったことが頭の中をぐるぐる駆け巡ってしまい、積極的に声をかけられない。だが、相手の立場に立ってみれば、こちらが何者かわかっているわけではない。誰が声をかけてきたとしても、同じように対応するだろう。

冷たい態度を取られてしまったとしても、それは自分という人間への拒否ではなく、相手はそういう役割を求めていなかっただけ、相手のニーズに沿わなかっただけだ。そう思えば、落ち込む必要はない。人格を否定されたように感じる必要も、プライドが傷つけられたと思い悩む必要もない。

自意識から自分を解放するもう一つの方法が、**プロ意識を持つ**ことだ。

「これは仕事だ」という意識からさらに一歩進んで、「私はプロだ、やりたいことだけ、できることだけやっているのはアマチュアだ。プロはやるべきことをきちんとやることで、報酬を得ているんだ」と考える。すると、いかに短時間で効率的にうまくやり遂げるかに意識を集中投下させることになる。

若いころ、アルバイトでダイレクトメールの封筒発送作業をやったことがあった。単調で退屈きわまりない作業だったが、「DM発送業務のプロだったとしたら、どうすればもっと速くできるか」と考え出したら、俄然おもしろくなった。

営業の達人は、強いプロ意識を持った人が多い。やりたいこと、できることよりも、「自分の役割としてやるべきこと」にしっかり焦点を絞っているからだ。少しでも多くの人に新たに出会うことが、速く、多く売るための最短コースだ。

人格やプライドと仕事・作業は切り離して考えると、うまくいく。

対面状況で「こなれているな」という人は、この、自意識の回路を切り離したりつなげたりするのがうまい。

自意識を完全に消すというのはなかなか難しい。しかし、立場という視点で自意識のスイッチのオン・オフが切り替えられるようになると、おそらくもっとラクに毎日が過ごせるようになる。

38　カウンターは「対面道場」

誰でも存在を知っているが、一人では入ったことがなかったり、いきなりは入るのをためらったりする場所、それが「スナック」だ。酒やけした声のお店のママがいて、常連客がカラオケのマイクを握りしめていたりする、あのスナックだ。

一見《いちげん》さんは歓迎されないんじゃないだろうかとか、どのくらい料金を取られるんだろうとか考えて、初めてだとちょっと怖い。スナックに入ることは、勇気のいることだ。

玉ちゃんこと浅草キッドの玉袋筋太郎さんは、知らないスナックで知らない人たちと仲良くなる「スナックトレーニング」の達人だ。

全国どこに行っても、すぐにスナックに入りたくなるという筋金入りのスナック好きで、『浅草キッド玉ちゃんのスナック案内』（エンターブレイン）という本まで出している。「クリックよりスナック」だ、**パソコンの前でクリックしている時間があったら、スナックに行ってみなさい**、と言う。

地方に行くと、タクシーの運転手や食事に入った店などで「いいスナック知らない？」とリサーチし、アタリをつけて行ってみて、その土地の人間となじむ。最初入るときはちょっとドキドキするけれど、よそから来た人ばかりのホテルのバーやレストランにはけっしてない、スナックという閉鎖的な場所だからこその地元感が味わえる。

受け容れられたらこんなに楽しく会話が弾む場所はないし、その町のおもしろい情報や、お店に集まる人たちの人生談義など、スナック以外では味わうことのできない話が聞ける。

先日お会いしたとき、「ボラれたこともあるよ」と玉ちゃんは言っていたが、そういう経験も踏まえることで、この感じは危ないぞ、とからだで学習していく。

玉ちゃんは、「スナックって最高なんですよ。テレビ局の若いスタッフなんかに話すと、『スナックいいですね！　じゃあ行きます』と口では言うんだけど、あとから

『おまえ行ったか』と聞くと、行ってない。飛び込んでみればいいのに、口ばっかりでみんな実際にはやらないんだよね」と言っていた。

知らない土地の知らないスナックに飛び込んで、そこで意気投合して盛り上がって、楽しい夜を過ごす。この経験を重ねていたら無敵の対面力がつく。最高の対面力トレーニングといえるだろう。

いきなりスナックはちょっとハードルが高かったら、地元の人たちが集うような居酒屋を狙う。できればカウンターに座るといい。

日々の生活の中でも、**人見知り克服レッスンをするなら、カウンター席に限る。**

喫茶店、居酒屋、バー、寿司屋などのカウンター席に座って、お店の人とオーダー以外の話をする。

これができるのはチェーン店ではなく、個人営業の店だ。テーブル席でもいいのだが、そうすると店の人の仕事の手を止めさせてしまうことになる。仕事の邪魔にならない程度に話ができるとなると、カウンターがいい。

接客業をやっている人は、いろいろな話のネタを持っている。相手のプライバシーには入り込まずに、その場で気持ちよく会話をするにはどんな話がいいか、どんなふうに話すといいかをよく知っているので、心地いい会話を楽しめる。

何度も行くと、おなじみさんになり、やがて常連さんになっていく。こうした行きつけの店を持ってみると、自分の対面力がよくわかる。

それすらとてもできそうにないという引っ込み思案な人も、「ネットショッピングよりウィンドウショッピング」くらいならできるだろう。

実際に商品を見に行って、店員と気持ちよく会話して、たとえば洋服などを試着したりして、**買わずに気持ちよくそこを出る練習**をする。買えば気持ちよく送り出してくれるのは当然だが、買わずにいかに感じよく立ち去るかは、けっこう対面力が試される。

これは店員の対面力を見きわめる練習にもなる。

「あ、この人、目配りが利いていて感じがいいな」「勧め方が相手の立場になっていて、信用おけそうだ」「この人、大丈夫かなという気が最初にしたけれど、やっぱり気が回らなかった」といった具合に、自分の対人眼力も鍛えられる。

「人のフリ見てわがフリ直せ」というが、自分自身のことだとよくわからなくても、人がやっていることだとよくわかるものだ。

自分も無意識にこんな対応をしていないかをチェックできる。

39　ランチの相手に変化をつける

「ランチを一緒にするだけで、なんでこんなに人間関係がスムーズになるんだろうか」。これは私の実感だ。

ランチを一緒にする相手というのは、意外と固定してしまうものだ。周りを見渡しただけでも、同じ職場で一緒にランチしたことがない人がけっこういると思う。

いつも一緒に食べている相手とは違う人を、軽い気持ちでランチに誘ってみる。ランチの時間はせいぜい小一時間。時間が区切られているし、食べながらの会話なので、話がもつだろうかと心配をする必要もない。誘われたほうもランチなら気楽だ。

周囲との人間関係に変化をもたらすチャンスが毎日あることに目を向けよう。声をかける瞬間、ちょっとだけ勇気がいるが、自分の垣根を崩すレッスンだ、臆さずにトライしていこう。

あるいは、社員食堂などでひとりで食べている顔見知りを見つけたら、すっと相席してしまう。一瞬視線が合って、向こうもこちらに気がついたというタイミングで「ここ、いいですかね」と声をかけ、隣や向かいに座って、世間話をする。

その人が先に食べ終わりそうだったら、「お先にどうぞ、私はもうちょっとかかりますので」とこちらから言えば、相手によけいな気を遣わせなくて済む。

私はどんなに大勢の前で話をすることもまったく緊張しないのだが、「1対1」ですっと声をかけることはあまり得意ではないほうだ。ランチも、どちらかと言えばひとりで食べたほうが気楽だと思っている。しかし、**ひと声かけて一緒に食事を摂《と》るだけで、それまであまり親しくなかった人との関係性がグッと温まる**ことに気づいてからは、つとめて声をかけるようにしている。

席を探すときに相手の存在に気づいたら、そちらに近づいていく。目指している相手もこちらに気づき、「あ！　どうも」という顔になった瞬間に、「いいですかね」と、サッと座ってしまう。相手が下を向いているときに話しかけるのは難しいが、目が合った一瞬、必ずサッと座れるタイミング、ハードルが低くなる瞬間がある。

この微妙なタイミングをつかめると、声かけは苦ではなくなる。これは回数を重ねることで必ずつかめる。

受験シーズンになると、大学教員には採点作業という仕事がある。チームでやるので、昼食時には「じゃあ食事に行きますか」と声をかけて一緒に行く。日ごろあまり話をする機会のない、他の専攻の先生とも話すチャンスだ。一緒に食事しながらちょっと話しただけでも、相手とつながった感ができて、その後、教授会などで会ってもすっと雑談ができる。ただの顔見知りからもう少し発展する。

ふだんはあまり交流はないけれど、ときどき一緒にランチして雑談をする、そんな相手が複数いると、気分転換にもなるし、違う刺激をもらえたりする。

対面力で大事なのは、**ちょっとした顔見知り程度の人と、その後どうつながっていくか**だと思う。

すれ違うときに会釈をする程度だと、いつまで経っても顔見知りくらいでしかない。すれ違いざまに一瞬でも立ち話ができる関係になれば、知り合いという感じになる。ランチを一緒にすると、ちょっとした友人くらいの関係になる。

そうやって人間関係を徐々に広げていけると、今よりもっとその環境の居心地がよくなるのではないかと思う。

食事ではないが、最近はタバコを吸える場所が限定されてきたので、どこにもスモーカーのための喫煙コーナーがある。一服する間、そこに居合わせた人と会話するのもいい対面レッスンになる。

喫煙者であるがゆえに何の接点もなかった人とつながることができるわけで、これは現代社会における喫煙の数少ないメリットだと言えるだろう。

40　飲みニケーションを毛嫌いしない

会社の飲み会を、むやみやたらと毛嫌いしてはいけない。

会社の飲み会を断るなんて、もともとはあり得ないことだったのだ。立場的に断れないということもあったが、みんな飲み会をそれほど苦痛だとは思っていなかった。あったら行かなくてはならないものと思えば、自然とそういう思考回路になっていく。断ってもなんとかなると思うから、どんどん「どうやって逃げようか」という気になるのだ。

昔なら「四の五の言わずに来い」と言われていたところだが、今は言動に注意しないとすぐハラスメント問題に発展する怖れがあるので、年長者も慎重になっている。「しつこく誘ってはいけないのではないか」「嫌われて、これ以上ジェネレーションギャップが広がっても困る」と、年上の人たちが気を遣っている。だが正直なところは

「とっつきにくくて、やりにくいなあ」「本気でこの職場になじむ気があるのか」と思っている。

一緒に酒を飲むことの何がいいのか。

酒を飲むと、からだがほぐれる。昼間、仕事をしているときの緊張した状況と違って、からだそのものがリラックスする。

素面《しらふ》のときだったらそんなにおもしろいと思わないことでも、酒を飲んでいると笑える。それはからだがゆるんで、反応しやすくなっているためだ。

笑うさまを表現する言葉に「相好《そうごう》を崩す」というのがあるが、笑うことは整っている形を崩すことでもある。笑うと表情が崩れる。そこに隙《すき》が生まれる。だから、取り澄ましているときとは違う親近感を抱く。ふだんの境界線を越えた付き合いができる。

酒を飲み、どうでもいいような話で笑い合うのは、隙や崩れを見せ合うことなのだ。

三回やればけっこう快感になるという話もしたが、とりあえず最初の三回くらいは素直に飲み会に参加しよう。煩わしいこともあるだろうが、意外とおもしろい発見もあるかもしれない。その「場」に参加することが自分の職務の一環だと割り切ろう。

私が明治大学の教員として採用されたのは三三歳のときだった。新人だということで、先輩の先生方が「齋藤さん、どうだね、今日は飲みに行こうじゃないか」と誘ってくださった。大学教員というのはこんなに酒を飲んでいるのかと驚くほど、いろいろな人に飲みに連れて行ってもらった。一度一緒に飲みに行くと、一気に親しくなれる。おかげで環境にたいへんなじみやすかった。

一年目にはそういう通過儀礼がある。一回誘って「いや今日はちょっと……」と言われると、誘うほうもなかなか声をかけにくくなる。それでも二回、三回と誘ってくれる上司や先輩がいたら、それは非常に貴重な存在だと感謝しなくてはいけない。

飲み会ほど対面力のトレーニングになるものはない。

楽しい飲み会は、親しい友だちや仲間とやればいい。仕事関係の飲み会は、会社が参加を勧めるセミナーや勉強会の一つのようなつもりで、積極的に参加することだ。

会社に入ってから**尊敬できる先輩と酒が飲めている人は、その仕事が長続きする**傾向にある。いい先輩にいろいろ相談できるだけでなく、ゆるんだからだでの付き合いを通じて、弾力性のある関係を構築できているということも大きいだろう。

逆に言えば、仕事にやりがいを持ち、今の職場でがんばっていきたい人は、仕事だけを効率的にこなすのではなく、先輩と飲む機会をもっと大切にすべきだ。

41　豊かな反応力には「イタリア人を一、二割」

最近の若い世代に足りないのは、覇気だ。まじめで、指示をよく守る。ミッションを与えると、一生懸命きちんとやる。ただ自発的にやろうとしない。同調圧力に弱く、恥を掻くこと、傷つくことをとても怖がる。おとなしすぎて、これで世の荒波をくぐっていけるだろうかと心配になる。

超ポジティブ思考でハイテンションにガンガン突き進むようなことは、日本人はもともと得意でないが、もっとイキイキとした反応、訴えかけるからだを持ってほしいと思う。

第一章でも確認したことだが、顔だけで笑うのではなく、からだ全体で笑うというのも、イキイキとした反応の一つだ。「からだ全体であなたの話を受けとめていますよ」という前向きなメッセージになる。

うなずくときも、黙って首をこっくり動かすのではなく、「そうなんですね」「なるほど」「へえ」などと声に出して相づちを打ち、手も連動させると、からだで反応している印象がグッとアップする。

「目は口ほどにものを言う」が、「手」も口ほどにものを言うパーツだ。

たとえば、「ああ、ありますよねぇ」と拳《こぶし》をコンコンと掌《てのひら》の上で叩き、首と一緒にうなずかせるとか、「それ、おもしろいですね」と手をポンと打つとか、「さすが！」と手を叩くとか、手の動きが加わると反応がイキイキしてくる。

私はよく「**演劇的に動こう**」と言っている。みんなそのときだけはしぶしぶやるが、習慣づけるところまで続けられる人は案外少ない。

最近は、「イタリア人気質を一、二割注入するイメージでいこう」と言うことにした。

イタリア語講座などを見ていると、イタリア人がじつに表現豊かな国民性であることがよくわかる。表情がはっきりしている。身振り手振りが大きい。よく手が動く。

イタリアでは手の動きを見ているだけでも、その人がよそから来た観光客か、地元のイタリア人か見分けがつくという。そのくらい手をよく動かしながら会話しているというのだ。

イタリア人は、陽気で、おしゃべり。ほめ上手、誘い上手、くどき上手だ。ジローラモさんやベリッシモさんを見るとよくわかる。

なぜあんなに明るく自然に女性に声をかけられるのか。父親も、近所のおじさんもやっている、女性を見たら声をかけるのが礼儀だという文化だから、子ども時代から気さくに声をかけ慣れている。

同じようにはとてもできないまでも、あの陽気なイタリア人的身体モードを意識して真似しようとすると、表情がかなり豊かになる。

イタリア語通訳の田丸公美子《たまるくみこ》さんが、『目からハム――シモネッタのイタリア人間喜劇』（文春文庫）でこう言っている。

「イタリア語と比べて日本語には喜怒哀楽を口に出して表現する『話し言葉』が決定的に不足している」

「イタリア語を使うと誰でも自分に正直になれる」
「イタリア人たちは、これらの言葉を自在に操り、大げさなジェスチャーも交え、実に巧みに自分の気持ちを表現する。彼らは、ある意味、みんなが役者、それも〝名優〟ぞろい」

たしかにその通りだ。対面力にはそういう要素が必要なのだ。

雰囲気を真似するだけでなく、実際に言語になじむともっといいと思う。

語学をやると身体モードがその言語用にチェンジしていく。

Eテレ（NHK教育テレビ）の外国語講座を見ていると、生徒役の日本人ナビゲーター役の人が、どんどんその国のモードに染まっていく。覚えた言葉を使って意思を伝えたいと思うと、自然と身体性がその言語のリズムやテンポに変わっていくのだ。

日本語は世界の言語の中でも、もっとも抑揚が少なく、淡々としている。英語はもっと高低、強弱、抑揚がはっきりしている。

日本人が日本語の身体モードで淡々と英語を話しても少しも英語らしくならないが、

ややオーバーなくらいに抑揚をつけると、同じ発音でも急にそれらしく聞こえるようになる。

英語以上に動きが派手で表情豊かなのは、イタリア語ではないかと思う。

イタリア語で挨拶ができるようになるだけでも、陽気な反応力がつくはずだ。

42　自分のプライドより「顧客満足度」を考える
——武士ではなく商人たれ

対面力を、江戸時代の武士と商人にたとえてみよう。

「武士は食わねど高楊枝《たかようじ》」という言葉に象徴されるように、武士は「誇り」を軸にして生きていた。お家が大事、武士の一分が大事。経済的なことに武士は関心を持ってはならぬというのが、江戸時代のバランスだった。誇り高き人たちだったが、ヒエラルキーの中にとらわれ、臨機応変に誰とどのようにでもかかわっていけたという立場ではなかった。

これに対して「**名を捨てて実を取れ**」「**損して得取れ**」というのが商人だ。社会的には農民や職人よりも下とみなされることもあったが、実質的には経済の担い手だった。商人は、愛想よく人と交わり、相手を上手に立て、交渉し、取引を成功させ、自分たちの才覚と対面力で、世の中を渡っていた。

商人のよさは、「腰が低い」ところだ。頭を下げるのが当たり前。「恥を掻くなんて何とも思ってない」というのが商人の生き方である。じつは、腰を低くしている時点で、自意識という鼻っ柱を折られる危険性を回避できている。プライドの処置が最初からできているのだ。

われわれ現代人は、自意識という名のカベを、自分で高くして自分で生きにくくしてしまいがちなところがある。そういう意味で、ある種、武士的だ。商人のような腰の低さがない。おとなしくて謙虚でも、自分を護りすぎて対人関係がうまく築けないことがある。

明治になって世の中が変わり、武士や商人といった身分の上下がなくなってからも、基本的に商人というのは腰が低いものだった。自分のプライドよりも、「顧客満足度」を第一に考えるのが商人の姿勢だからだ。

そして、その明るく善良な商人感覚というものが、社会を活性化させてきたのだと私は考える。

私利私欲のためではなく、もっと広い視野で世の中のためを考えていた商人の筆頭が、松下幸之助《こうのすけ》だ。志の高さと腰の低さをみごとに融合させていた。

腰は低くしても、志は持てる。恥を怖れて個人的なプライドを守ろうとしなくても、誇り高く生きることはできる。

ここは一つ、そういった**商人感覚をイメージして、腰を低くしてみる。**

現代人が腰の低さを失ってしまったのは、商売に携わる人も会社員になってしまって、商《あきな》いを営んでいる家が少なくなってしまったことが大きい気がする。商売の家に育つと、自然と商人感覚が身についたものだった。

私の家も商売をやっていた。家具を扱っていたので、野菜や魚を扱うように「いらっしゃい」「まいどあり」という言葉が飛び交う接客商売ではなかったが、商売の電話を取ることはよくあった。しかし学者の道に進み、私は自分の中に商人感覚が根付いていたことをいつしかすっかり忘れていた。

本を出版することを、私は初めのうち、武士の仕事のようなものだと考えていた。何年も一つの研究に没頭して、その成果を世に著す。「どうだ！　たとえ誰も読まなくてもかまわない、これが私の研究の成果だ！」という気持ちで、二、三冊出版した。これが、本当に読んでくれる人がいなかった。まったく売れなかった。

私の自負など、本を読む人にはまったく関係ない。人は、役に立つとかおもしろいと感じる本でなければ読む気が起こらない。高楊枝をくわえて、誰も読む人のいない本を書いていても仕方ないではないか。あるとき、そう考えを切り替えた。

立脚点を変えて**商品として人に受け入れられるものを作ろう**として出したのが、『声に出して読みたい日本語』だった。「ああ、私の中には商人感覚があったんじゃないか」とそのときに思い出した。それ以来、学者の感覚を前面に出すのではなく、商人の感覚とミックスさせるスタンスを取り続けている。

腰を低くして実を取るということが、今の時代は案外見落とされているのではないだろうか。

大事なのは「顧客満足度」だ。その顧客とは、仕事相手でもあれば、面接官でもあるが、上司、同僚、友人、家族、自分の周囲にいる人はみな、自分にとっての顧客のようなものだ。

43　世の中すべからく対人「営業」活動である

人生における新たな可能性、出会いやきっかけ、仕事のオファーなどは、すべて人がもたらしてくれるものだ。

言葉を交わしてやりとりをして、別れる。そのときに相手に「この人ともう一度」という気持ちを持ってもらえれば、次につながっていく。

「もっとお近づきになりたい」というのも、「また頼もう」というのも、「次」につなげていくことだ。対面での「顧客満足度」が高ければ、また次がある。リピーターになってもらえる。

対面力というのは、いわば「次につなげるために顧客の心をつかむ＝自分のファンになってもらう」ための営業力だ。

私たちは、さまざまな営業活動をしている。子どものお受験も、恋人づくりも、友人づくりも、就活も、婚活も、みな人に働きかける営業活動だ。営業とは利益を上げるためのものだと思うかもしれないが、儲けを得ることだけが人間にとっての利益ではない。

私たちはみな、自分の人生における営業マン、営業ウーマンなのだ。

いろいろな対面状況に対して、「これも営業だ」という感覚で取り組んでみよう。他の人に理解してもらうこと、そこまでいかないまでも相手にちょっとその気になってもらうくらいのことをすべて「営業」活動ととらえてみる。

「顧客の心をつかむ」こと、「ファンになってもらう」こと、「ファンを大事にする」こと、あらゆる場面で営業力が問われていると思うと、人とのかかわり方が変わってくると思う。

今はどんな職にも営業センスが必要とされる。

たとえば、大学の教員も出張授業という形で高校に出向いてアピールする。そこで「あの先生の授業を受けたい」と思ってもらえれば、受験生が増える。

宅配便のドライバーも、セールスドライバーといった呼び方をされるようになり、きめ細やかで感じのいい対応で受注を増やすことも大切な業務になっている。以前だったら営業とは関係のなかった仕事も、営業的業務がこなせなければやっていけない。

歌手は昔から地方回りの営業で鍛えられた。どんなところでも、どんな状況でも笑顔で人と接し、笑顔で歌うことが、不屈の人間力になっていた。

芸能人にとって、小さなイベントに出るような仕事は「営業」と呼ばれる。ファンをちょっとずつ開拓する意味でも、大事な仕事の一部だ。サインをしたり、握手をしたり、一緒に写真を撮られたりするうちに、対面力が全開になる。

作家が書店回りをしたり、サイン会を行ったりするのも営業だ。

人生はすべからく営業なのだから、自分のファンを大事にする姿勢をみんながもっと持ったほうがいい。

会社の飲み会に出るのも営業だ。

お母さんが公園デビューしたり、ママ友付き合いをしたり、ＰＴＡの役員を引き受けたりするのも、やっぱり営業だ。

扱っているのは、サービスという無形の商品である。日本には「おもてなし」という表現があった。これは老舗旅館の女将だけのものではない。心をこめて客に応対する姿勢のことだ。

これがあると、社会が円滑になる。それは社会にとって大きな利益だ。

44　理解は愛を超える！

よく立ち寄るコンビニのアルバイトの人が外国人だったので、出身を聞いてみた。ウズベキスタンの人だった。その後、その店に行って彼を見かけるたびに、何か話しかけることにしている。聞くことはだいたいウズベキスタンの話だ。

「ウズベキスタンの寒さって、どんな感じなの？」

「ウズベキスタンの女の人はやさしい？」

と会話していたら、すっかり顔見知りになった。

からだの疲れが激しいときに凝りをほぐしてもらいに行くところには、中国人のマッサージ師の人がいる。そこでもよく話をする。

「中国と日本は関係がこじれて戦争になったりしないですよね」と中国の人も心配している。そんな雑談をしたり、その他に、中国の学校の話などをいろいろ聞かせてもらう。

日本に来て働いている外国人は、アウェイでがんばっているわけで、その相手がほっとするのはどんな会話だろうと考えて、話しかけると、こちらに大きな発見があることが多い。

今、海外に行かずとも、日本に滞在し働く外国人と出会う機会は、確実に多くなっている。

私たちはメディアを通じて得た情報をもとに、「中国はこうだ」とか「イスラムはこうだ」という全体観的な先入見を持ちがちだ。しかし実際に個と個で対面し、言葉を交わしていると、そこには感情的に理解し合えるものが多々ある。

私は「**理解は愛を超える**」という考えに立っている。

理解しようとする能力は安定しているが、愛する能力は相手によって異なるだろう。「あらゆる人を愛せるか」といったら、愛せない相手もいる。愛は難しい。

だが理解力は安定している。理解しようとする気持ちがあれば、理解することはできる。無信仰の人であっても、仏教についても、キリスト教についても、イスラム教についても、理解はできる。

ひとりの人間の対人関係も、愛は薄れることがあっても理解は増す。愛し合って結婚して、いつのまにか愛がなくなることはあるが、「この人とはもうやっていけない」とわかったという点で相手の人間性への理解は進んでいる。ただ自分がそれに合わせて一緒に生活できないだけだ。

どんな対立関係でも、対極的な立場でも、理解はできる。

あらゆる物事に、プラスの点、マイナスの点がそれぞれある。それを理解しようとする。その理解を進めるための最良・最適の方法が対面なのだ。

人は人と会い、話し、理解するために生きているのだと思う。

指揮者の小澤《おざわ》征爾《せいじ》さんは、「外国の音楽をやるためには、その音楽の生まれた土、そこに住んでいる人間、をじかに知りたい」という思いから、二四歳のときにスクーターでヨーロッパひとり旅に出たときのエピソードを語っている（『ボクの音楽武者修行』新潮文庫）。船でマルセイユに着いたときにはこうだ。

「ちょっと止まると、すぐ人だかりがして、何やかやとうるさく話しかけて来る。スクーターに日の丸をデカデカとかかげ、ギターを背負っているので、よほど目につくらしい。変わり者が日本から来たとでも思うのだろうか。中には手をあげて敬意を表してすれちがう車もある。ちょっといい気分だ。

ぼくのフランス語はとんでもなく下手だが、不思議なことに大抵のフランス人に通じる」


小澤さんのことを珍しがって近寄ってくるフランスの人たちと、生き生きと交流している様子が現れている。このあと、使い方がわからず途方に暮れた末に、坐薬の使い方を思い切って尋ねたところからアパートの主人と仲良くなった話、田舎道でスクーターを停めた街で目を留めた美人とお茶を飲んだ話、世界一の指揮者バーンスタインと仲良くなり、お互いの文化の違いを語り合うエピソードなど、小澤さんの本には出会いから生まれた痛快な話が満載だ。

永井荷風《ながいかふう》の『ふらんす物語』『あめりか物語』、安岡章太郎《やすおかしょうたろう》の『アメリカ感情旅行』

などの海外滞在記を読んでいても、最初は理解できずにいた風習や文化を、互いにだんだんと「理解」し合うところに、読むほうは感動を覚える。

日本人、外国人と分け隔てせずとも、自分の前に立った相手を、どこまで理解できるかによって、人生の開け方は大きく違ってくる。

人に会ってみよう。話を聞いてみよう。


知らない世界に触れてワクワクする気持ちを、いつまでも持ち続けよう。

45　握手は「またよろしく！」の共通語

対面を穏やかに、平和裡に終えるために世界中で行われているのが「握手」だ。

これを拒否するのは、私の知っている限りでは、ゴルゴ13くらいしかいない。ゴルゴ13は、相手の差し出した手を前に、すげなく「自分の利き腕を預けるほどの勇気はない」と言い放つ。相手を倒すか、自分が倒れるかのどちらかだという刹那《せつな》で生きている者にとっては、握手は無謀の極みなのだ。

関ヶ原の戦いで勝利に貢献した黒田長政を、徳川家康は手を握ってねぎらった。それを鼻高々と報告する長政に、父・如水《じょすい》（官兵衛）は「そのとき、そなたの左手は何をしておったのだ」と言ったという話が伝わっている。

現在は、「あなたに危害を加えるつもりはありません」という意思表示として、**「礼」と「親しみ」二つの要素を一瞬で実現するマナー**として、さまざまなところで握手が交わされている。

対戦型スポーツでは、試合の開始前と終了時に必ず握手する。握手をして相手を称え合い、最後に審判とも握手する。テニスの松岡《まつおか》修造《しゅうぞう》さんは、その習慣がしっかりと染み着いていて、会うと何回もがっちりと握手する。

外交で首脳会談が行われたときも、首脳同士が握手している場面が必ず報道される。ああいう場では、両者の立ち位置をどうするか、どちらから先に手を差し出すか、片手で握手をするのか、それとも両手で握手をするのか、といったことを事前に綿密に決めておくらしい。

政治家はよく握手をする。握手をして相手が親しみを持ってくれることが一票につながる。握手も大事な選挙活動だ。

経営者も握手する。政治家や経営者の方の握手は力強い。ギュッと強く握ったり、「ありがとう」「よろしく」などと言いながら上下にグイグイと振ったり、**握手で自分の信頼度を高めようとするかのように、エネルギッシュな握手をする方が多い。**

タレントの握手会というのも、どこも盛況だそうだ。

ＡＫＢグループには、握手会での「神対応《かみ》」「塩対応《しお》」なる言葉があるそうだ。神対応とは、握手をするときの対応が非常によくて、ファンが感激すること、塩対応とは逆にそっけない対応でがっかりすることだという。コアなファンの人たちの間では、そういった情報共有もされているらしい。

私の知っているある小学校の校長先生は、毎朝、校門の前に立って、登校してくる子どもたち一人ひとりと「おはよう」の挨拶をしながら握手をしている。下校の時間はみんなまちまちなので、全員と握手するには朝のほうがいいのだそうだ。握手をしたときの感触には、その人の印象が強く残る。

四万人の顔と名前を覚えているというホテルの名物ドアマンは、握手をしながら相手の顔を見つめて名前を聞くと忘れない、と言っていた。

私も握手の印象的だった人は忘れられない。フジコ・ヘミングさんの手は、指ががっしりと太く、握手にも力があった。この手があの『ラ・カンパネラ』を奏でるんだと思ったら、気持ちが高揚した。

握手は、言葉の通じない国でも使える。笑顔やアイコンタクトや拍手同様、気持ちを通わせるボディランゲージだ。

「今日はありがとう」

「これからもどうぞよろしく」

気持ちを言葉で伝えることも大事だが、握手は物理的に相手とつながることだ。

私たちももっと握手を日常に取り入れていこう。

握手をして別れる習慣を、自分の型として持とう。

握手には、友好、親愛、感謝、共感、さまざまな意味をこめられる。「ぜひ協力し合いましょう」の思いも、「仲直りしましょう」の思いも、「あなたの気持ちはしっかり受けとめましたよ」の思いもこめられる。

握手は万能だ。

46　さっと手を出し、「さわやか握手」で別れよう

握手ほど「今日は楽しかった」という気持ちを純粋に伝える仕草はない。

別れ際、握手をする習慣が身についている人は、どのくらいいるだろうか。ごくわずかかもしれない。**意気投合感を高め、いい印象で、次につながる別れ方をするために、握手をすることにしよう。**

もともと握手は西洋の習慣なので、欧米にはプロトコルがある。目下の者が目上の人に握手を求めてはいけないとか、男女の場合、男性から先に手を出してはいけないといったルールがあるが、それにこだわらなくていいと思う。

西洋社会にはボディタッチのコミュニケーション方法がいろいろある。ハグもあればキスもある。しかし日本の文化には挨拶のときに肉体的接触をすることが基本的にない。

本来人間の本能として、好感を持つ相手に触れたい、触りたいという欲求はあるのが自然だ。子どもは、頭をなでられただけでほめられた感覚を抱く。大人でも、悲しみや不安を抱えたとき、誰かと手をつないだり、ギュッと抱きしめられたりすると、心が落ち着いていく。

人間は適度に触れ合うことで癒される。

ボディタッチが枯渇している現代日本では、人との触れ合いが少ないことがじつはストレスをいっそう高めているのではないだろうか。へんに意識しないで日常でもっと人と接触ができれば、ストレスも減るだろう。

そういう意味でも、**いい対面のあとは握手で相手と触れ合うことにする。**「楽しかった」「いい話ができた」「交渉として成功だった」「また会いましょう」という気持ちをこめて、握手で別れる。

私はこれまでいろいろな「ワザ化」を提唱してきたが、あらためて握手のワザ化も勧めたい。

ではそのポイントは何か。

握手する前に、手は温めておいたほうがいい。ヒヤッと氷のように冷たい手よりは、ほどよく温かい手のほうが印象がいい。

ただし、じっとり汗ばんだ手は相手に不快感を与える。掌が汗ばんでいるようだったら、エチケットとして拭いておく。

右手を差し出し、微笑みながら相手の目を見る。顔がこわばっていると怖い。デレデレ笑いは、異性から気持ち悪がられる。意味深にじっと見つめるのも、相手がいろいろ勘ぐってしまう。軽くにっこりする感じがいい。

そして軽くキュと握る。強く握りすぎない。「キュ」の瞬間は二秒。二秒を超えると、しつこく感じる。テンポよくさっと出し、さわやかに切り上げる。

合言葉は、「**差し出す、微笑む、キュと握る**」だ。

これを「さわやか握手」と名づけよう。

自分から積極的に差し出す。男女の別や、立場が上の人だとかをあまり意識しすぎない。憧れの人に握手してもらってうれしくて、しばらく手を洗いたくないという気持ちになったことのある人もいるだろう。握手は「ギフト」なのだ。

自分のほうが立場は下でも「今日はたいへん勉強になりました。握手をお願いしてもよろしいですか?」と言えば、相手も喜んで受けてくれる。

「さわやか握手」で人間関係をまろやかにし、「次もまたよろしくね」という明日への輪を広げていくことを、別れ際の新しいマナーとして浸透させていきたい。

おわりに――「もっとムチャぶりを！」

ずっと〃からだ勝負〃と思ってやってきた。

スポーツや武道をやってきたから、よけいにそう考えたのかもしれないが、「ライブ状況でからだが対応できなければ意味がない！」と強く思ってきた。

反応できるから、だ、緊張する場面で潜在力を解放できるから、だ。「対面状況に強い身体」を培うこと。これが私の教育理論の柱の一つであった。

「対面力」という観点からこの二〇年間の日本を見直してみたとき、「対面力が向上した」という意見はおそらく少数派だろう。まじめでおとなしくなったぶん、対面力、ライブでの即応力、現場的パワーはむしろ低下してきている、というのが教育にかかわる者の大方の感触だ。

「時代はグローバルになってきているから、グローバルな能力が必要だ」という声が聞かれるが、では、グローバル化に対応できる力とは何か。英語か、ICT活用力か。私は、対面力だと思う。グローバル時代だからこそ、コミュニケーション能力が必要になる。それも、からだごとかかわる対面力がカギになる。

グローバルな展開を始めた企業経営者に、「グローバルな展開に必要な力とはどんなものか」と聞いたところ、「未知のものに恐れずにチャレンジする気持ちを持っているかどうか。英語は二の次。修羅場を経験して初めて成長する」という答えが返ってきた。

海外での事業では、想定外のことが起こる。むしろ予定通りにはいかないのが普通だ。「えっ!・まさかっ!」ということが次々起こる修羅場に直面したとき、自分で判断して現地の人と掛け合い、なんとか交渉し、切り抜ける。そうしてからだ全体で状況にぶつかってきた者が、強さを身につける。想像を超えた「ムチャな状況」を生き抜くには、言葉を超えたところの対面力が必須となるのだ。

対面力をつけるために、私は、学生たちには修羅場ならぬ「ムチャぶり」を出す。

「えっ、突然そんなことを言われてもムリ」と感じるミッションを次々と与えていく。それが私の教育方法だ。その場その場で新たなミッションを思いつき、遂行を要求する。すると、初めは私のムチャぶりに戸惑っていた学生たちもだんだん慣れてきて、いちいち驚かなくなる。「ムチャぶり耐性」ができてくるのだ。

耐性ができてくると、不思議なもので、普通ではもの足りなくなる。「先生、もっとムチャぶりを！」という声さえ上がるようになる。

「デジタル教科書導入についてどう考えるか」「グローバルな力とは何か」「型を身につけることの有効な活用例を考えろ」と次々問いを発してその場で答えさせる「一五秒プレゼン」の高速パス回しは、緊張感と解放感が交じった高揚した場を生む。

こうした場を数多くこなすことで、人前で自分の意見をコンパクトに言い、コメントを返すことに慣れていく。ムチャぶりに耐えたあとでは、同じ学生からまったく違った印象を受けるようになる。対面力は格段に向上している。少々のことではビビらなくなる。

学生たちを見ていて、対面力は練習によってはっきりと向上する力なのだという確信を得た。
はじめのうちは、「対面力」という概念を、身につける目標としてしっかりと自覚するだけでも、意識に変化が出てくる。「対面に弱い」と思っている人ほど、効果が上がりやすい。
まずは、「対面力」ということばを手帳に書いてみてほしい。そして、その下に、自分から、他人から、対面力を感じた経験を書き込んでみる。対面力という視点で見てみれば、本書で取り上げた以外にも、いろいろな対面力があることに気づき、そこから成長できるはずだ。

この本が世に出るにあたっては、阿部久美子さん、光文社の古谷俊勝さんと山川江美さんに大きなご助力をいただきました。まさにチームの賜物《たまもの》です。ありがとうございました。

齋藤　孝

編集協力／阿部久美子

齋藤孝（さいとうたかし）

1960年静岡県生まれ。東京大学法学部卒業。同大学院教育学研究科博士課程等を経て、現在、明治大学文学部教授。専門は教育学、身体論、コミュニケーション論。著書に『座右のゲーテ』『座右の諭吉』『座右のニーチェ』『「意識の量」を増やせ！』（以上、光文社新書）、『ブレない生き方』（光文社知恵の森文庫）、『声に出して読みたい日本語』（草思社文庫）、『三色ボールペンで読む日本語』（角川文庫）、『読書力』『教育力』『古典力』（以上、岩波新書）、『雑談力が上がる話し方』（ダイヤモンド社）など多数。訳書に『現代語訳　論語』『現代語訳　学問のすすめ』（以上、ちくま新書）など。

「対面力《たいめんりょく》」をつけろ！

2013年6月20日初版1刷発行

著　者 ── 齋藤孝

発行者 ── 丸山弘順

装　幀 ── アラン・チャン

印刷所 ── 堀内印刷

製本所 ── 榎本製本

発行所 ── 株式会社 光文社
東京都文京区音羽1-16-6(〒112-8011)
http://www.kobunsha.com/

電　話 ── 編集部03(5395)8289　書籍販売部03(5395)8113
業務部03(5395)8125

メール ── sinsyo@kobunsha.com

 ISBN 978-4-334-03749-9

光文社新書

645

世界は宗教で動いてる

橋爪大三郎

世界の人々の発想や行動様式は、宗教に支配されている――世界の宗教について比較研究を行ってきた著者が、主要な文明ごとに、社会と宗教の深いつながりをわかりやすく解説！

978-4-334-03748-2

646

「対面力」をつけろ！

齋藤孝

人と対面したとき、緊張してしまう、間が怖い、疲れる、嫌だ――そんな悩みは「対面力」をつければ解決する！　日々実践できる手軽で楽しい対面力向上トレーニング方法を満載。

978-4-334-03749-9

647

プロ野球は「背番号」で見よ！

小野俊哉

本塁打が最も多い背番号は3番？　8番？　最も勝率が高い背番号は11番？　18番？　イチローはなぜ51？――背番号にまつわる記録と物語を知れば、プロ野球は数百倍面白くなる！

978-4-334-03750-5

648

サイドバック進化論

名良橋晃

守備の要かつ攻撃の起点であるサイドバックが分かればサッカーを見る目が変わる。鹿島の黄金期を支えた元日本代表の著者が贈る、新しいサッカーの教科書。内田篤人選手推薦‼

978-4-334-03751-2

649

失礼な敬語

誤用例から学ぶ、正しい使い方

野口恵子

現代日本人に最も好まれている敬語「いただく」の過剰使用からマニュアル敬語まで。豊富な誤用例から、敬語（尊敬語・謙譲語・丁寧語など）のシンプルで正しい使い方を知る。

978-4-334-03752-9